朱云乔 著

你是人间四月天

中国纺织出版社

内 容 提 要

她从人间四月天走来，宛若白莲，顾盼生辉。她是林徽因，游走在《再别康桥》的诗句里，穿梭在古建筑的名词间，换得一世情缘、三世爱恋、千篇赞颂。无论岁月静好，还是时代激荡，她始终面不改色，优雅前行，用蕙质兰心，照亮一方天地。她是诗人徐志摩的痴恋，是建筑师梁思成的贤妻，是学者金岳霖的挚爱。她的诗句优美灵动，她的建筑成就斐然。她是女人心中渴望成为的范本，是男人眼中的完美女神。

图书在版编目（CIP）数据

你是人间四月天：林徽因传：珍藏版／朱云乔著. --北京：中国纺织出版社，2018. 10（2023.1 重印）

ISBN 978-7-5180-5244-8

Ⅰ.①你… Ⅱ.①朱… Ⅲ.①林徽因（1904–1955）—传记 Ⅳ.①K826.16

中国版本图书馆CIP数据核字（2018）第163908号

策划编辑：郝珊珊　　　　责任印制：储志伟

中国纺织出版社出版发行

地址：北京市朝阳区百子湾东里A407号楼　邮政编码：100124

销售电话：010－87155894　传真：010－87155801

http：//www.c-textilep.com

E-mail：faxing@c-textilep.com

官方微博http://weibo.com/2119887771

佳兴达印刷（天津）有限公司印刷　各地新华书店经销

2018年10月第1版　2023年1月第3次印刷

开本：880×1230　1/32　印张：7

字数：117千字　定价：42.80元

序 言

历史是深不可测的黑匣子，装了生生世世的爱慕与离别、快乐与忧愁。总有人喜欢在其中捡拾故事的残片，温暖的、遗憾的、残酷的、撕裂的……借着昨日的温度，来复苏今世的记忆。

江南的阳光里，走来一位少女。眉眼温柔，嘴角倔强，柔和的光线里，她笑靥如花，青色襦裙闪动着细碎的光芒，表情生动得像音符在跳跃。

她是林徽因，是天生丽质的绝代名媛，是跨越时代的旷世才女，是娇柔旖旎的一方佳人，更是千万男子的一个梦。

秀美的杭州给了她清雅的容貌与灵动的气质。年少时，她的聪敏、她的优雅，使得她举手投足间充满了魅力，让人不由自主地羡慕与喜欢。几十年之后，当年一同玩耍读书的堂姐妹们还能够细致描绘出她当年的衣着打扮、举止言谈，可见她是如何令人倾倒。

豆蔻年华，裙下之臣比比皆是。他们不止爱她美丽的容颜，更爱她恬静的性格、高雅的气质、聪慧的才思、高傲的风骨。

她被爱包围着，却从未丧失判断与理智。她没有选择璀璨的烟火，最终执起一双温柔手，走进幸福围城。

“一代才女”的美誉，并非虚传。结婚后，她的沙龙里依旧不乏才子俊秀。才与貌，已难双全，再加上旷世的智慧，她就像是明亮的星星，无论何时，都吸引着无数崇拜的眼睛。她的客厅里，弥漫着“高贵的单纯和静穆的伟大”的芬芳空气。

没有人的生命是永恒的暖色。在时代的变迁里，她同样面对过苦难。质疑、羁旅、孤城、贫穷、病榻、迟暮，光鲜亮丽的光影背后，她吞咽过千般滋味。只是聪明如她，懂得平静面对，小心安放。

1955年4月1日，斯人离去，她将自己永远定格在了人间四月天。有人慨叹，红颜早逝。我却觉得，她连死亡都选择了完美。

那时，时代的阴云还没有降临在她的家庭里，她的生活尚未被撕碎，她仍旧拥有醉人的容颜和无数的关爱，可以在从容间完美地告别人世。

费正清说："林徽因就像一团带电的云，裹挟着空气中的电流，放射着耀眼的火花。"她并非不食烟火，而是游刃有余地行走在红尘中，成为美，成为暖，成为爱与赞颂的对象。

朱云乔

2018年春

目录

第一章

翻阅时光：

轻轻走来的江南女子

莲开六月

六月，湖边细柳摇曳，湖中莲叶涌动。

这一月，“接天莲叶无穷碧”，这一月，“映日荷花别样红”。

西湖中，芬芳素雅的一袭白莲，静静地绽放于接天的莲叶之中，纯白如雪，无瑕如玉。如身着白裙的仙子，静静地看着这个世界。那莲“出淤泥而不染，濯清涟而不妖”，美得纯粹，让人心动，却不敢轻易靠近，更不敢动手采摘，生怕冒犯了它的清、它的纯。它不像那些看起来就娇弱无比的花朵，让人在它面前不由得生出一种保护欲；也不像那些生就充满诱惑气息的花朵，让人一见就禁不住想要占有；也不像那些拙朴的花朵，让人看到后只会感叹它的坚韧，却不想与它有所亲近。

它是精致的，那一瓣瓣洁白的花瓣，仿佛经过天工精心雕琢。那若有若无的清香，仿佛并非人间所有。它来到人间，优雅地、悠然地立在湖水之中，柔情似水。它静看人世间的变幻，静听人世间的声音，不悲不喜。无论听过多少哀怨的话语，看过多少对着西湖流泪不止的伤心人，它的心中依然洁净无瑕，不曾被尘世繁杂沾染丝毫。

“毕竟西湖六月中，风光不与四时同。”柔情似水的夏季里，几丝轻风让西湖的湖面泛起些许碧波，拂动湖边垂柳柔媚的发丝，掀动湖中那一片片莲叶碧绿的裙摆。叶子中间的莲花，白皙的花瓣上透着一抹娇羞，时而抬起头轻轻一瞥，时而低下头默默不语。

一场细雨悄然而至，织出一扇轻薄的纱窗。想起曾经许仙和白娘子在断桥借伞那一幕，浪漫而唯美。雨后的莲叶上，一颗颗清透的水珠饱满而灵动，它们收集着阳光，闪闪的、亮亮的，美极了。那清雅的莲花，因它的存在，竟平添了几分华贵的气息。

杭州，人间的仙境，尘世中的天堂。在这样的城市中出生的人，仿佛生来就带有一种清雅脱俗的气质。这样的仙境中，生出了多少温婉可人的仙子？这样的天堂里，又成长着多少令人倾心的女神？无人细数。但若是有女子如同这六月西湖中盛开的白莲一般，优雅而美丽，纯粹而坚持，那必然要引起世间无数男子的爱慕，令他们不见便倾心已久，一见便无法忘怀。那女子，定像一道光一般，穿过尘烟，透过雾霾，照在男子的心中，令他们挥之不去。

宁静而幽远的巷道里，萦绕着古朴气息的青石板从头铺到尾，散发着一股岁月的气息。无人经过时，它空空的、静静的，有人经过时，它不再空空的，却仍然静静的。高跟鞋敲打在青石板上，发出有节奏的声响，那声音回荡在巷子里，不但没有破坏那份宁静，反而为巷子更添了一些幽静的感觉。恍然中，看到一位身穿素色旗袍、脚穿黑色高跟鞋的女子，撑着一把油纸伞，身姿轻盈地走在这小巷里。

雨后的青石板上湿漉漉的。几分潇洒、几分柔情，都尽在那蒙蒙的江南烟雨中。而几分深沉、几分迷醉，又被揉进了那散发着潮湿气息的青石板里。行走于其中，心中会莫名生出一种情愫，一种穿越了时光，与那旧时年代融为一体的情愫。仿佛自己是那多年前的某人，曾将这条巷子中那些青石板一遍又一遍地细数，将这巷子中的气息一遍又一遍地静静品味。

在杭州，这样的小巷并不少，每一条小巷中，都走过不同的人，响起过不同的声音，流传过不同的故事。这其中，唯有一条小巷因一人出了名，坐落于小巷中的那座老宅，也不再是一座普通的老宅，而成了一所有名的故居。往来于门前的人们，特意前来拜访的人们，怀着崇敬之情前来追忆的人们，比比皆是。

走进老宅大门，庭院深深，和其他江南老宅一般，这里有白墙黑瓦，有木制楼梯，有高大的柳树，几经寒暑，这里几乎还保持着它原来的样子，仿佛宅子的主人从未离开，一直眷顾着这里；仿佛那位让数位才子魂牵梦萦的女子随时都会出现在那木制的台阶上，微微仰起头，静静地看着天空中那来去的雁群。

当她站立于人群之中，露出淡淡的微笑，便出现了一朵清雅的莲。这巷子，是杭州的陆官巷，这座宅子，是林宅，民国才女林徽因曾经居住过的地方。1904年6月10日，林徽因就出生在这座林家老宅中。她的出生让整个老宅中充满了幸福和喜悦的氛围。林家人围绕在林徽因的身边，看着这上天赐给林家的礼物。虽然她还只是一个小小的女婴，虽然很多人都不相信，在刚出生的孩子身上能够看到她的未来，但在场的所有人看着她的小脸，都不约而同地感觉到，这个孩子一定会有非常美好的未来。

林家是官宦世家，林徽因的祖父林孝恂早年考取了进士，曾在浙江多地任职，家境殷实。林家共有两个儿子，长子林长民是林徽因的父亲，他年轻时被林孝恂送去日本名校早稻田大学留学，所学专业为政治法律。毕业后，林长民回到祖国，与他的同学刘崇佑一同在福州开设了“政学会”，之后成立了“福州私立法政学堂”，并任校长。如今，这所学校已经成为厦门大学法学院。林徽因的叔叔林天民也曾赴日学习，所学的专业是电气工程。1910年，林天民和刘崇雄、陈之麟等人创办了“福州电力公司”，名震一方。

出生在这样家庭中的孩子自然是幸运的，优越的家庭环境使她一生下来就能够得到细致的照顾，以及全家人的关爱。她也继承了父辈们敏锐的头脑和条理清晰的思维，这聪慧虽然不能在她刚出生时便显露出来，但在之后的时光里得到了印证。

可以说，林徽因是一个很受上天眷顾的孩子，不但继承了父辈的智慧，也继承了母辈优雅的容貌。她是那么可爱、那么漂亮、那么充满灵气。一生下来就拥有可人模样的林徽因，得到了全家人的疼爱，她的祖父为她取名“徽音”，这个名字来自《诗经·大雅·思齐》中“大姒嗣徽音，则百斯男”一句。“徽”意为美，“音”意为声誉，徽音二字放在一起，意为“美誉、美德”。林徽因的祖父希望她成为一位拥有美誉的女子，而林徽因也如祖父所愿，成为一名美誉远扬的女子，并得到了许多男子的倾心。“林徽音”这个名字陪伴她度过了30年，直到1934年，为了避免人们将她与当时一位以写“花边新闻”出名的作者林微音混淆，她将自己的名字改为了林徽因。

小孩子的成长总是天天多变，稍不留神，那个之前跟在长辈身边，拽着衣角哭哭啼啼的小娃娃，摇身一变成了亭亭玉立的少女；那个摇晃着学走路，像只小鸭子般摇摆的小不点，摇身一变成了风度翩翩的少年。很多时候，时光就在我们不经意间匆匆地过去了，岁月在父母脸上留下风霜的痕迹，也在我们心中刻下喜乐和悲伤。

当澄净的西湖中开满洁白的莲花时，在林家老宅中，一枚含苞待放的白莲也在静静地孕育着。

在古老的宅院中，林徽因在全家人的关爱中幸福地成长着，她的每一次进步都让全家人喜悦。当她用稚嫩的声音向家中每一位长辈问好时，长辈们的心中都充满了幸福感。他们看着这个瓷器一般的小人一天天长大，学说话，学走路，看着她可爱的模样，心中那份清甜的感觉就好像饮下一碗杨枝甘露。

这些人中最为喜悦的，还是她的祖父林孝恂。在同龄孩子当中，林徽因总是显得格外聪敏，她识字很快，记忆力也很好，教给她的话她很快就能够学会。林孝恂一直喜欢敏而好学的人，不但支持自己的儿子们外出留学，还曾资助过一些天资聪敏，学习刻苦，但家境不好的年轻人去日本留学。当他看到小小的林徽因身上所展露出的天赋和才华时，他不由得感到格外心喜，对她的疼爱自然也就不自觉地增加了几分。

林徽因并不记得那些在陆官巷老宅生活的时光，毕竟那时的她年纪太小，还没有到记事的年龄，丝毫不记得自己身边发生过哪些事情，也不记得周围的人都是如何看待自己的。更多关于自己那时的事情，也都是从长辈们的口中得知。不过，人们都说，童年时发生的事情，若是痛苦，定会影响孩子一生，既然她不记得，那便一定是平静而和谐的了。

关于林徽因五岁之前的生活情况，怕是只能从一张老照片中看出几分。照片是黑白的，看不出她身上的衣服是怎样的颜色，却能看出那确是大户人家小姐的衣着和打扮。照片中的林徽因看上去三四岁的模样，身后是一把看起来华丽的藤椅，小小的人儿还不及藤椅靠背高。她的身子靠在扶手旁，小巧的嘴微微嘟着，一副懵懂的表情。她的额前没有刘海，精致的额头暴露在相机前，一看就是个聪明的孩子。也许是照片太过古老，难以看清她的眼神，有人认为那眼神应该是清澈的，有人认为那眼神应该是智慧的，也有人认为那眼神应该是思索的。

无论别人怎样猜测、怎样揣摩，无论成人后的她有怎样的传奇和美誉，当时的她，只是个孩子而已。她的娇小可人、她的乖巧贴心、她的聪明伶俐，都随着她年龄的增长变得越来越明显，就像一枚睡在湖心的小小花苞，在人们不知不觉中，一片一片地张开它娇嫩的花瓣，绽放它的笑脸，释放它的芬芳。

墨香里的哀愁

时间无声无息地流逝，剥落了透明的蝉衣，洗涤了灰色的巷道，吹开了粉嫩的花蕾，吹散了淡雅的芬芳。夏尽秋至，冬去春来。树木的叶子绿了又凋零，凋零后再萌芽，周而复始。地上那串小脚印，从歪歪扭扭到走成一缕直线，再到步子稳当，经历了不少的时间。在这段时间里，小小的瓷器一般的可人儿长大了，从父亲那里遗传来的优雅和诗韵也渐渐从她身上散发出来。

1909年，林家将住所迁至蔡官巷，林徽因在这里度过了3年的时光。在这里，5岁的林徽因开始识字读书。教会她读书写字，让她爱上书香的，不是她的父亲，也不是她的母亲，而是她的大姑。

林徽因的大姑林泽民是一位大家闺秀，她从小熟读四书五经，熟习传统礼教，为人温婉友善，无论走到哪里，人们都能感受到她的身上洋溢着别样的娴静和优雅。这样一位知书达理的女子，偏又知晓诗词歌赋，擅长琴棋书画，在当时的女子中实属难得。

晚风吹，树摇动，洗笔树下清池，梅开墨香隐隐。常言说“近朱者赤，近墨者黑”，将一枚丝帕夹入散发着墨香的书卷中，久了，丝帕上虽无字迹，却也墨香淡淡；若是将丝帕放入酒香四溢的地下酒窖，久了，丝帕上便会沾染上酒的浓香；若是将丝帕放置在旧物堆积、不见光亮的储藏室里，久了，丝帕便会透着一股阴冷潮湿的味道。

5岁的林徽因像一张纯白无污的细软纸张，像一绢纯净无香的柔美丝帕，在这位端庄优雅的大姑的影响下，林徽因也开始爱上那些被麻线串成册的纸张，爱上那些散发着墨香的方块文字，和那些由方块字串联成的优美句子。

大姑耐心地教，林徽因认真地学，随着认识的字越来越多，她也越来越能体会到那些诗词中所蕴含的意境，越来越能感受到文字的美妙和神奇。书中描述的那些景象让她看到了不一样的世界，书中描写的那些事情让她感受到了不一样的情感，于是，她对书籍的喜爱也一天天加深，除了家人，书成了她生活中最重要的一部分。

书香伴随着她成长，影响了她的一生。在阅读书籍的日子里，她那天生的优雅气质也被加上了一层光环。书中那些优美的辞藻和句子印在她幼小的心灵里，营造出一种别样的氛围。她变得与许多同龄的孩子不同，谈吐中无意流露出的优雅和成熟常常令人们惊叹，世间怎能有如此清新脱俗的小女孩。

每个人在初生之时，都不知忧伤为何物，只要张开的小嘴吸入了香甜的乳汁，内心就会感到无比的舒适和安宁。而随着年龄的增长，经历的事情越来越多，头脑中那单调的线条也就开始发生变化，或波动不停，像海风激起的浪花；或纠缠打结，像被猫咪玩乱的毛线。当一个人懂的事情越来越多，对世间之事看得越来越透时，那伤感也就随之越来越重了。当一个小孩子学会了察言观色，她的童年便止于此了。

林徽因的可爱和天资聪颖让她深得全家人的喜爱。对于一个小孩子而言，这本应是件高兴的事情。可是，在不知不觉中，那份优雅中却揉进了些许忧伤。幼小的心灵中也生出一丝哀愁，那哀愁来自于父亲，也来自于母亲。

从小受到优越教育的孩子往往有一颗敏感的心。渐渐长大的林徽因发现，父亲每一次面对自己的时候，总是笑颜慈爱，而面对母亲的时候，则冷冷的，看不出丝毫的温存。起初，她对这一现象不理解，试图让父亲像对自己一样对待母亲，可是父亲仍然对母亲保持着那种生疏的态度，即使偶尔对母亲流露出一些温和，那也是因为她的存在。

待长大一些，林徽因渐渐知道了，父亲为何会这样对待母亲。

在当时的年代里，大户人家娶妻纳妾都是平常事，更何况林家是有名的官宦世家。林长民一生共娶了三位夫人，而林徽因的母亲何雪媛在十四岁时嫁入了林家，成为林长民的二房夫人。

感情上最痛苦的事情不是与心爱的人生离死别，而是与他朝夕相对，却永远走不进他的心。自从嫁入林家后，何雪媛的心中便有着这样的感触。何雪媛满怀希望地嫁入林家，本以为自己能够在这里过上安定幸福的生活，而进入林家之后，她才发现这里的环境与自己从小生长的环境完全不同。无论是生活习惯，还是思维方式，自己都难以跟得上丈夫的步子。

与林长民不同，何雪媛出身于商贾之家，是一名浙商家中的千金小姐。虽然家境很好，从小过着锦衣玉食的生活，可是她却从未进过一天学堂，不曾读书识字，也不曾学习那些女子的传统礼教，女红和书画更是一样不通。嫁入林家后，何雪媛既无法与丈夫一起欣赏那些高雅的艺术，也不懂得持家之道和相夫教子，这都让林长民十分失望。同时，何雪媛那种身为大小姐的高傲和娇惯作风，更让林长民心中感到非常不舒服。

作为一名留洋回国的海归，林长民的眼界是开阔的；作为一位擅长诗词歌赋、精于书法的才子，他的心气也是高傲的。面对一个与自己毫无共同语言的女人，林长民实在找不到，也无心去寻找与这位妻子融洽相处的方式，更不要说对她心存爱意了。索性，他选择了冷落。他的母亲游氏也不喜欢这个儿媳妇，于是，何雪媛只能在林家默默地生活着，做着一位有名无实的“林家二夫人”。

这一切，直到林徽因出生后才有所好转。

或许是实在太喜欢这个美丽聪慧的女儿，林徽因出生后，林长民对何雪媛的态度变得客气了许多。虽然仍然没有喜爱的成分，却也不是完全的冷漠。有时，为了满足女儿小小的愿望，他也会对何雪媛言语轻缓一些。然而，何雪媛的地位并没有改变，林家上上下下对她的态度也没有过多的改善，所有人能够对她客气，不过因为她还是名义上的“二夫人”，不过因为她是林家最可爱的小姐的母亲。

再后来，林长民结识了一位性情温婉、年轻美丽的上海女子，并深深地爱上了她。这位名叫程桂林的上海女子出身平凡，同样不懂文学书画，可是她却懂得如何服侍自己的丈夫、如何持家、如何教育孩子。生于平凡家庭的程桂林带给林长民一种前所未有的温馨，他想，或许这才是一个家应该有的感觉，于是，他将程桂林娶进了家门，使她成为自己的三夫人。

红绸几尺，红布一块，精心地准备，热闹地操办。林长民满心欢喜，老夫人喜上眉梢。程桂林性格如水，温顺贤良，待人谦逊，从不与人争执，一进入林家，就得到了老夫人的喜爱。林长民对她更是宠爱有加，虽然工作在外地，很少能够回家，但只要一回到家，他就会陪伴在她的身边。若不是因为林徽因的存在，此时的林长民怕是已经忘记了自己还有一位明媒正娶的二夫人。

从来只听新人笑，有谁闻得旧人哭？一直被丈夫冷落的何雪媛看到丈夫对另一位女人倾心倾情，心中的苦涩岂是一两句话便能说得清的？想到自己从小被家人当作掌上明珠，再看看如今那如在冷宫之中的生活，她心中的哀怨越来越深、越来越重。可是，虽然心中有着太多的不痛快，在这样一个官宦之家，她也无力去改变丈夫不爱自己的事实，只能默默地忍受着。

何雪媛带着林徽因从前院搬了出去，住进了偏僻的后院。这里少有人来，与其说这里清静，倒不如说这里冷清。林徽因每天在前院玩耍学习后，就回到后院，与母亲住在一起。前院里的热闹和后院里的冷清形成了鲜明的对比，敏感的林徽因心中意识到了什么，可是她却什么都做不了。

冷漠无形无影，却能如一把锋利的刀子般，一刀刀割痛人心。当冷冷的风吹进空空的房间，无边的夜笼罩静静的小院，院中的花打着冷战，花香变得淡然无味，花瓣也变得黯然无色。院中的人流着清泪，泪水中闪着孤寂，也闪着哀愁。搬到后院的何雪媛像生在院墙角落里的一朵小花，只得在没有人的时候，一遍又一遍地细数着丈夫的无情，抱怨着生活的不公。

林徽因爱她的父亲，爱那个每次看到她都笑盈满满，将她视为骄傲的父亲；她也爱她的母亲，爱那个有着优雅气质，却整日里忧愁满面的母亲。无奈父亲与母亲总是不能融洽相处。

父亲是从来不踏入后院半步的，想要见他，只有去前院，而去了前院，看到的就不只有父亲，还有那位似水柔情的二娘。看到父亲对二娘的呵护，看到二娘幸福的笑脸，她的心中有不忍，也有羡慕。她明白，二娘并没有错，可自己的母亲也同样没有错，为什么明明生活在同一个大家庭里，母亲和二娘受到的待遇却天差地别，明明拥有同一个父亲，自己却不能像弟妹们一样与父母共享哪怕只有一小段的幸福时光？

童年的记忆在她的心上第一次涂上了一道擦不去的墨痕，深深的、浓浓的。那小小的女孩心中，虽然还不曾体会到什么叫作爱，却已然明了不存感情的家庭中，必然有人会受伤，也许是一人，也许是两人，也许是三人……每当看到母亲的眼神，她便深深地感受到了那伤的痛楚。

或许从那时起，她便决定今生都不要重蹈母亲的覆辙。或许正是童年的这段经历，让她在日后心生“愿得一心人，白首不相离”之念，让她定下绝不与任何人分享自己情感的念头，所以她才会在日后的感情道路上，宁愿拒绝别人对自己的追求，也不愿伤害一位无辜的女子。

东方遇见西方

江南给人的印象往往是精致的、清淡的、安然的，小桥流水旁，一位姑娘静静地走过，人入景，景映人，像一幅美丽的水墨画，惹人流连，令人难忘。成长在江南的女子总有温婉可人的性情、清秀的样貌，她们言如小溪流过，行如微风抚柳，让人一见就能感受到江南小城的那份安逸。

在江南，林徽因渐渐长成了一位秀外慧中的小姑娘。只是这姑娘在同龄的孩子中显得格外多愁善感，思想也过于早熟。1912年，林家移居上海。8岁的林徽因开始为家中的女眷代笔，与在北京当职的父亲通信。有时，她也会将自己的心意写进信中，当林长民得知那些严谨的字句是自己年仅8岁的女儿写出时，他十分惊讶，也更加钟爱这个女儿了。

1916年，林家迁至北京，从此，林徽因离开了那温婉的江南。环境变了，周围的人变了，对于这个从小生长在南方，在传统文化的熏陶中成长的女孩，北京带给她的，是一种完全不一样的气息，那是一种硬朗、一种霸气。若是将城市比作茶，江南便是那清香优雅的碧螺春，柔美中带着一股香甜，而北京便是香气浓郁的铁观音，浓郁中透着几许深沉。

初到北京，难免有些不适应，幸好，书籍仍然是林徽因最好的陪伴，那些书中散发出的墨香是那样熟悉、那样温暖，令她不再有陌生和不安的感觉。闲时，除了读书，便是写写画画，周身的才气如仙子身上的仙气一般，自然而然地萦绕在她的身上，这种气息与那历史悠久的北京城格格不入，却为她平添了缤纷的色彩。

在北京，林徽因就读的学校是由英国都会创办的贵族学校——培华女子中学。这个软声细语的姑娘入校后，她那眼眸中时时透出的清澈，天生秀丽姣好的面容，还有自然流露出的优雅姿态都让同学们对这个来自江南的姑娘格外关注。而当大家发现了她所拥有的斐然才华之后，仰慕她的同学便更多了。

那朵来自江南的白莲，就这样静静地开在了北京，开在了这座满是历史底蕴的古城里。少了江南微风的打理和细雨的滋润，它不曾有丝毫的枯萎，仍然那样亭亭玉立地绽放着，一如既往的清香，一如既往的优雅，一如既往的秀丽。只是那份清香中，又多了一丝沉静；那优雅中，又多了一丝洒脱；那秀丽中，又多了一丝坚韧。

13岁那一年，林徽因曾有过一段独自留京的日子。一个弱小的女孩，突然之间要独自面对所有来自生活和各种方面的问题，那是怎样的一种挑战呢？令人意外的是，她将家里的所有事务都打理得井井有条，无一丝纰漏。想来，自12岁起，家中的二娘身体不好，已经将许多事情交予她打理了，许是那一年，这个看上去本应该不食人间烟火的小女孩就已经长大了。

1920年，林徽因收到了一封父亲从北京寄来的信件。读过父亲的信后，林徽因第一次感到了难以抑制的喜悦和激动。林长民在信中告诉林徽因，政府派他去欧洲进行长达一年半的访问考察，而他决定带着林徽因一同前去。

“我此次远游携汝同行，第一要汝多观览诸国事物增长见识；第二要汝近在我身边能领悟我的胸次怀抱；第三要汝暂时离去家庭烦琐生活，俾得扩大眼光养成将来改良社会的见解与能力……”父亲在信中用几句话表明了自己的心意，这令林徽因心生感动。虽然父亲对母亲一直很冷漠，而他对自己，确实是关怀的，那是一份不善言语却发自内心的关怀。

在培华女子中学，林徽因接受的是西式化的教育，那些知识与她在江南老宅中接受到的有许多不同之处，也让她了解到在自己生活的国度之外，还有更为精彩的世界。书本中出现的各种新鲜事物引起了她的好奇心，让她产生了极大的求知欲。当得知父亲要带自己去欧洲时，她心中那兴奋之情自然格外强烈，她期待着早日去那个不一样的国度，看一看那里的人，体验一下那里的生活，学习那些不曾接触过的知识。

林徽因在1920年9月考入了英国的圣玛莉学院，开始了自己的留学生涯。

迁宅北京，曾让林徽因感受到自己在这世上的渺小，而远渡重洋，更让她感受到了世界的广阔。当她踏上那只远行的船只，看到洁白的浪花在脚下翻滚，而瞬间又被船只拉得好远，最后消失不见时；当她坐在船头，望着那深不见底的大海，想着家乡那碧玉一般宁静清澈的西湖时；她第一次明白，世界如此广阔，每个人都只是其中的一个过客，就像那海中泛起的一朵朵浪花，此时跳跃，下一时或许就已经化作一滴海水，沉入了海底。

想象固然能够营造出一场美丽的邂逅、一幅清秀的山水、一曲动人的音乐、一段可歌可泣的爱情，却不能描绘出那些真实存在，和不曾触碰过的深刻。若不是远渡重洋，她纵使能依据所读过的文学作品组出唯美的诗句，却也绝不可能写出那些富有深刻意味的文章。自从离开中国之后，林徽因便游览了许多欧洲的山川，那些美不胜收的自然景观在她的内心产生了一种特别的影响，她爱上这样的风景，为它们能够将这个世界装点得更加美丽而感动。

林长民带着她参观了许多工厂和报馆，他认为参观这些地方能够更好地了解当地的发展，而林徽因对这些场所并不感兴趣，她所感兴趣的，是那些充满异国风情的名胜古迹。这些美丽的建筑彻底地征服了她，她曾想，人类要用怎样的爱，才能设计出这么多绝美的建筑，对建筑的热爱之情在她心中油然而生，再也不曾熄灭。

有人说，若林徽因不曾与父亲前往欧洲，或许她仍会如深宅大院中的一朵白莲，静美安宁，做一个小家碧玉的女子，然后嫁给一位门当户对的男子，相夫教子，淡然一生。而这一去，她的生活轨迹改变了，不再是一朵只开在深宅大院中的花朵，而是一朵将芬芳释放到彼岸的花。

也有人说，即便不曾走出中国，如林徽因这般的女子，也定能做出一番令人惊叹的成就，因为在她的心中，一早就生出了追逐自由和梦想的种子。她对外面世界的向往，就像鱼儿对海洋的向往，鸟儿对天空的向往一样，是本能。

无论人们对她的评价是否属实，欧洲之行对于林徽因而言，的确是一场不寻常的经历。她见到了一个不一样的世界，也从这样丰富的世界中学到了太多的东西，这些东西都是她在国内无论阅读多少书籍、听过多少传闻都无法了解的。

同时，她也对父亲有了一些理解，虽然她仍然不赞同父亲对待母亲的态度，却也明白他们二人之间存在着无法逾越的鸿沟。一个见多识广的青年才子，与一位足不出户的大户小姐，如何能够有相同的语言，又如何能够进行交流呢？

开学后，林徽因便将更多的时间投入到功课上。在培华女子学院学习时，西式的教育为她打下了良好的基础，再加上她天资聪颖，所以想要跟上国外的课程对她而言并不算太困难，但她仍然很认真地去学习。课余时间，她也会与父亲一同出现在一些应酬场合。于是，她有机会接触到真正的上流社会，接触到那些名人雅士，接触到那些文化名流。在与其他人的接触中，她始终优雅高贵、谈吐不俗，令那些西方的名门望族也不由得惊叹，一个只有16岁的东方女子，竟然能够如此自然地以女主人的身份接待每一位宾客，竟然能够如此自然地融入一个完全不同的环境中。

在伦敦，细雨连绵是常有的天气。父亲在外忙碌着他的事情，而身边同龄的伙伴与自己又没有共同的话题，无人安慰她的寂寞。这样的日子里，林徽因便只能在公寓中，靠那些书本打发时间。幸而她从小就是个喜爱读书的孩子，对书有着特别的喜爱，若是一个生性好动又不爱读书的女子，遇到这样沉闷的天气，那该是多么的难熬。

很多时候，林徽因都独自一人守在公寓里的壁炉旁，手捧着那些英文版的书刊，静静地品味着个中滋味。在跳跃的火光中，她看到了许多不一样的身影。她一边阅读着那些诗集，一边体会诗人想要表达的情感；她翻开一本剧本，一边读，一边构思着剧本中的那些场景；她翻开一本小说，一边读，一边领悟着那出彩的情节。渐渐地，丁尼生、霍普金斯、勃朗宁、萧伯纳……这些名字都深深地印在了她的心上，那些优美的词语也通通进入了她的脑海中，她甚至能够真切地感受到那些文人笔下所描述的情感，如同亲身经历过一般。

读着优美的英文原著，喝着浓香温润的牛奶，烘着暖暖的炉火，在伦敦的空余时间大抵就这样一点点过去了。在这样的时间里，她那天生的多愁善感的气质又一次占据了她的思维空间。有时，读到感人之处，读到那些幸福而浪漫的情节，身为一个妙龄少女，她也会产生些许期望。也许在房间中的冷清和空荡的衬托下，寂寞会变得格外明显，不知何时，她开始期待自己的生命中也能走进一位如书中所写的男主人公一般温柔的男子，哪怕他只是朋友，至少他可以分享自己的喜悦和悲伤，可以与自己一同谈诗作赋，这样便可以告别孤单。

此时的她还不曾料到，自己所期待的那种感情，马上就要降临了。

雾朦胧，情萌动

伦敦是一个多雾之都，朦胧的雾总是弥漫在空气里，掩盖住蔚蓝的天空，模糊着人们的视线。雾蒙蒙的天气里，一切都若隐若现，甚至看不清迎面走来的人的面容，却也恰到好处地为人们提供了想象的空间。有多少女子幻想着能在街头邂逅一场浪漫，有多少男子期待能在雾中与心仪的姑娘相逢。而更多时候，他们都只是与浪漫擦肩而过。

在这样的天气里，人们的心很容易变得湿润润的，带着湿意，也带着诗意。雾气弥漫的街头，街灯散发着光晕，迷茫而单薄。小灯一盏，让人的心中多了些温暖。在这样的天气里，人们的心也很容易感到孤寂，只身一人走在雾色中，看不到方向，仿佛全世界只有自己一人。若是此时，身边有一个人，能与之牵手，或者交心，那孤寂便不在了。

偌大的房间里，一个人的咖啡，一个人的炉火，一个人的时间，一个略带忧伤的小姑娘。公寓中的炉火燃了又熄，熄了又燃，时钟的指针一步一步走得稳健而一成不变，一本书翻阅完毕，便拿起另一本，继续重复着相同的动作，继续体会着相似的心情。

孤单的日子过得总是特别缓慢，那段日子里，陪伴着林徽因的，除了炉火、表针、牛奶、书籍，便只剩下孤单和寂寞了。孤单并不可怕，当那些书中的情节幻化成为一个个场景，浮现在眼前的时候，孤单也就变得轻了许多。而寂寞，那种想与人倾诉，却无人可倾诉的寂寞，却是无论如何都无法消除的。她多想有人能与自己共享那一抹斜阳，共享那一抹暖暖的火光，共享那一段浅浅的忧伤。可在那安静得不能再安静的房间中，听不到人语，甚至听不到熟悉的声音，只听得到自己的心跳。

万般情绪无人诉，那些从书中领会到的感悟也无人分享，都让这个生就感性的小姑娘心中的寂寞更深一分。直到某一天，一个戴着圆框眼镜、相貌斯文的年轻人的到来打破了这份寂寞，这个年轻人叫徐志摩。

1921年11月16日，林长民的公寓里走进了两位年轻人，一位是刚从美国转学到伦敦的徐志摩，另一位则是伦敦大学的留学生张奚若。对于林徽因而言，父亲的朋友都是长辈，所以初见之时，她并没有过多言语，只是礼貌地问候，便转过身去了茶房。如同平日一样，她静静地将沏好的茶放在客人面前，又摆上精致的茶点，一句话都没有多说。然后，她便静静地站在一旁，听父亲与这两位年轻人交谈。她并不知道，自己的身影已经一丝不落地映入了徐志摩的眼中，生了根，发了芽，开成了他心上的一朵白莲。

有时，人与人的相遇就是那样巧妙，仿佛上天早已安排好一般，那么偶然、那么意外，却又那么恰好。在遇到那个令自己心动的人之前，天虽然很蓝，却总蓝得有些压抑；水虽然很清，却总清得有些空泛。而遇到那个人之后，天还是那片天，只是多了片云，所以更加生动；水还是那片水，只是多了那尾鱼，所以更有生机。

一次命中注定的相遇，即使只是偶然，也足以改变一个人的一生。在遇到林徽因之前，徐志摩也曾期待能遇到一个与自己情定终身的女子，与她发生一段缠绵悱恻的爱情，一同看朝阳，看落日流水，听音乐鸟鸣，踏海浪。只是他从未想过，自己竟然能够在24岁时遇到这个令自己心动至极的女子，而这个女子，竟然是他至交好友的女儿，一个仅仅17岁，从辈分上应该叫他叔叔的小女孩。

说徐志摩是一位才子，世间应无人反驳。那一年，24岁的徐志摩刚刚来到英国，他去拜访林长民，起初因为他想要结识狄更生先生，而林长民恰好与当地的文化名流接触颇深。不承想，当他真正见到林长民时，却发现两人之间有太多相似之处，灵魂上的共鸣使他们俩一见如故，成了好友。

他们彼此惺惺相惜，每次相见都有聊不完的话题。他们从社会谈到政治，从政治谈到文艺，再从文艺谈到人生。不能见面的时候，两人还互相写起了“情书”，用虚拟的身份和真实的文字继续着灵魂上的交流。

才子总是多情的，在与林长民互通“情书”的时候，徐志摩假设自己是一位有夫之妇，而林长民假设自己是一位有妇之夫。那种“爱恋”有些压抑，有些难耐，有些激动，有些无奈。但他知道，那种情感只是一种虚构，他真正的情，已经投到林徽因的身上。

起初，他对林徽因的好印象只停留在她的外表，清丽，脱俗，俊秀，面容稚嫩，看上去只是一个天真无邪的小姑娘。而在与林徽因交谈过后，他才发现，自己面对的并不仅仅是一个可爱的小姑娘，在她那幼弱的身体里，似乎住着一位高雅睿智的女神。每当他与她一起谈论文学的时候，她所表现出的从容和优雅，都不是其他这个年龄的女孩能够拥有的。每一次听到林徽因谈她对那些知名作家作品的理解和感悟，他都感到惊喜；而那动听的声音，也让他心动不已。

家境、谈吐、才华、样貌，都令徐志摩成为许多女子心中的那一抹温柔的情愫，这些女子中有高贵的富家千金，有情窦初开的小女生，甚至不乏一些寂寞的已婚之妇。徐志摩也在生活中接触过各种各样的女子，也曾与她们有过交谈和相处，却没有一人曾使他产生这样的感觉。

徐志摩知道，自己真的心动了。

拜访林长民的次数越来越多，与林徽因的接触也越来越多，每一次接触都令徐志摩的心中产生更多的涟漪。他知道，自己对这个小女孩的感情已经到了无法自拔的程度。

17岁，花一般的年纪。哪个女孩不曾在这生命中最美好的时刻有过幻想，哪个女孩不曾在这最敏感最需要体贴的年纪里渴望过一番充满诗意的生活？若是此时，恰好有一个英俊谦和、温柔体贴、充满文艺气息的青年男子出现在自己的生命中，又有哪个女孩会不动心、会不思念、会不渴望与他共度每一段时光呢？

对于徐志摩的到来，林徽因的心中也有了越来越多的期待。面对这个比自己大了7岁的、风度翩翩的男子，她的心中不是没有一丝的心动，但那种心动更多的是因为他对文学的领悟和造诣。面对他，很多一直压在内心的话终于得以说出，很多积累了多年的感悟终于有人可以一起分享。她的心中是喜悦的，因有人与自己交流而喜悦，因有人愿意倾听自己的心声而喜悦；她的心中是幸福的，因有人能够了解她的感受而幸福，因有人能够陪伴她而幸福。

自此，她的梦不再只属于她一人，她可以不再一个人孤零零地在空荡荡的房间里与自己对话，她可以将自己心中那最美的画卷展开在另一个人面前，看他痴迷的表情，听他赞赏的声音。那一种朦胧的感情，像滴在画布上的水滴，迅速而安静地蔓延开来，形成一片模糊的图案。看不到它的轮廓在哪里，却能感受到它的湿润。

像在雾里看花一般，迷蒙的花朵的影子总是那么美，让人越发想要接近。而当雾气散尽之后，那花仍然在那里静静地绽放，样子却与雾中的不同了。有的花，在雾气散去后，仿佛被洗尽了铅华，纯美如初；有的花，在雾气散去后，却失了神秘，显得突兀而平凡。林徽因便是那纯美如初的花朵。与她见面的次数越多，徐志摩心中的那份爱意便越深。他越发能够确定，自己终于遇到了这一世的真爱，而他心中的那份情，也如火山迸发一般，越来越炽热。

他和她是相似的，他们有着相似的背景，远赴国外，留学异乡；他们都是那样热爱文学、艺术，能够毫无阻碍地畅谈；他们有着同样的浪漫情怀，哪怕不言不语，只要四目相对，便能够感受到对方心中的情谊；他们都是那样的寂寞，期待着能够懂得自己的人出现在自己面前，一起看潮起潮落，看云卷云舒。

他和她也是不同的，辈分不同、学历不同、年龄不同，这些都可以置之不理，可唯一不能忽略的，便是徐志摩已为人夫的事实。

是的，在家乡，徐志摩早已娶妻生子，虽然他的心中对这位端庄贤惠的妻子从未有过好感，虽然他只是受家人之命迎娶了她，虽然他的心中还存着满满一腔对真爱的渴望，虽然他还想像风一样自由，翩翩而来，再翩翩而去，但他的肩上已有了身为人夫的责任，以及身为人父的责任。这样的他，要如何去对一位情窦初开的妙龄少女许下承诺呢？

少女情怀总是诗。少女的情怀，有几人能猜得透，又有几人能说得清呢？怕是连那个怀春少女自己都无法说得清楚。

林徽因知道，徐志摩是懂她的，他懂她展露出的美好，也懂她内心的忧郁，所以他才会一次次前来陪伴她，对她诉说那些美好的事情，听她畅谈那些唯美的梦境。她喜欢与他并肩漫步在康桥边，看那日出日落，看那夕阳的余光落在水面上泛起的金黄，看那银色的月光落在水面上反射出的柔光。她也喜欢听他谈论诗词歌赋，谈那些伟大的文学家们写下的经典句子和片段，谈那种仿佛伸手可及却永远触碰不到的浪漫情怀。可是，若因此便说自己爱他，却又太过轻率、太过不负责任。

那是一种感觉，一种有什么在心中萌芽的感觉，一种略微甘甜又不及甜蜜的感觉，一种与平静的内心有些不相衬的感觉。或许，这样的一种感觉只能称得上是“恋人未满”吧。

第二章
粉红心事：
天空的蔚蓝，爱上了大地的碧绿

像写诗一样去恋爱

乐观的人说，爱情很美好，像夏日里盛开的鲜花，浑身散发着香甜的气息，吸引着蜜蜂和蝴蝶在它身边翩翩飞舞，为它增添色彩和灵动，让它变得魅力非凡，它丰富了人们的生活。悲观的人说，爱情是一种危险的诱惑，它总是能将人带入一种绝境，让人为情所困，喜怒无常，时而幸福，时而悲伤，它扰乱了生活的平静和自在。

渴望爱情是人的一种本能。爱情总是在不知不觉中萌生，当能够被觉察得到时，情已然深种，令许多人措手不及。每一份爱情的开始，都只是一份特别的好感，一种喜悦的心情，一种幸福的感动，然后，走得越近，经历得越多，了解得越多，那份情就越深，最后渗进心底，融入灵魂，成为一生难以忘怀的独特的记忆。

恋爱是一件美好的事，17岁的林徽因恋爱了，她的感情世界也开始变得如诗歌般美好起来。

谁能准确说出自己从什么时候开始爱了呢？又有谁能确

定，自己是因为什么而爱了呢？没人清楚。情迷住了人们的双眼，让人们只想着接近一点，再接近一点，却对自己的前进恍然不觉。直到回头看来时路时，才发现自己竟然在迷恋中走了这么远。

也许，最初与徐志摩相处时，林徽因的心中，有的仅仅是一种不同于往常的心动。是啊，等待了多年的那样一个人突然出现在自己的面前，倾听自己的声音，感受自己的心事，那是多么美妙而幸福的事情。渐渐地，她与他的来往越来越频繁，交流越来越深入，她的面容上，也开始有了每一个少女在恋爱时都会流露出的神情。或许连她自己都不曾意识到，自己陷入了一种特殊的微妙的感情中，那种被称之为“恋爱”的感情中。

她喜欢他出现在自己的家中，哪怕只是与父亲讨论着文学，谈着书画方面的话题，开着不分身份、地位、年龄差别的玩笑。两家相隔不算太远，也不算太近，徐志摩与林长民常常一聊起来便忘了时间，直到天色渐黑才离去。若是他骑自行车而来，待到离开时，林长民便会让林徽因去送他一段路。于是，徐志摩和林徽因便有了一段单独相处的时间。徐志摩缓缓地推着自行车，林徽因在一旁乖巧地陪伴，手中的手电筒发出明亮的光束，照着他们脚前的路，也照亮了他们的心。

后来，林长民不在家的时候，徐志摩也会前来探望，他的到来让屋子不再冷清，也不再寂寞。这个差一点儿被林徽因称为叔叔的男子给她带来了许多美丽的故事，也带来了温暖。在那个雨雾连绵的潮湿冬季，她心里的某个部分也渐渐变得潮湿了，一颗沉睡了许久的种子发出了新芽。

感情的发生总是偶然的，有时，那感情源自欣赏和理解；有时，那感情只因为某个心动的瞬间；有时，那感情来自对方的热烈追求；有时，那感情因为一些共同欢笑的经历。那些相守一生、相伴一世的老夫妻们，相敬如宾，相濡以沫了一辈子，着实令人无比羡慕。无疑，他们是相爱的，但若是问及他们如何爱上了彼此，那理由却可能微小得让人惊讶，也让人感动。更多时候，他们完全不知道自己究竟是因何爱上对方的。

徐志摩因何爱上这位俏丽聪颖的女孩子？是她那双清如泉水的双眸？是她那远山黛色的眉？是她那浅笑时偶尔浮现的梨涡？是她如山间小溪般动听的声音？是她那空谷幽兰般的气质？是她那自然散发出的才气？还是她眼中偶尔流露出的寂寞？也许，都是。也许，都不是。

林徽因又是因何对徐志摩产生了那样的情感？也许因他拥有广博的见识，总能说起一些她从未听说过，却又十分感兴趣的话题；也许因他看待这个世界的眼光总是那么独特，对这个世上许多事情的看法是那么新颖；也许因他奔放的性情，敢想，敢做，敢爱，也敢承认；也许因他性情直率，为人坦荡，不隐藏自己的真实。

在伦敦，那个时常被雾气笼罩的浪漫之都，一段美好的恋情就此展开。他们开始约会，开始和所有恋爱中的人一般，凝视着彼此的双眸，感受着对方心中那深深的爱意。对于他们两人而言，这段恋爱都是他们生命中最为深刻最无法忽略的一段情。它是那样纯、那样真、那样深。

像徐志摩这样风度翩翩的才子，一生中结识的女子无数，也定会有许多的女子仰慕他的才华，偷偷地爱恋着他。或许徐志摩也曾对某位女子的侧影而心动，因某位女子的才情而心动，而真正走入了他生命中与他发生交集的，却只有三位，张幼仪、林徽因和陆小曼。对于徐志摩而言，“爱情和婚姻是人生中唯一的要事”，张幼仪是家里的安排，他并不爱她，所以才会在婚后逃出家门，去外国学习。

已成事实的婚姻让他感到沉重不堪，而此时，自己一直渴望的爱情却出现在面前，这样一个性情直率的年轻人又怎会不去追求呢？所以他才会在《我所知道的康桥》中写道：“我这一辈子就只那一春，说也可怜，算是不曾虚度。就只那一春，我的生活是自然的，是真愉快的！（虽则碰巧也是我最感受人生痛苦的时期）……说也奇怪，竟像是第一次，我辨认了星月的光明，草的青，花的香，流水的殷勤……”

这是一份真实的恋爱，对于他们二人而言，都是第一次。林徽因深深地感受到来自徐志摩的这份感情，也深深地被他打动了。然而，对待这份感情，她仍不失小心。虽然自己的心中已经有了那种丝丝缕缕的牵挂和依恋，虽然与他四目相对时，心跳好像会在突然之间加速或停止，可是，她始终保持着礼貌的分寸，或许有几分出于小女子的娇羞和矜持，但更多的，应该是不想让海峡另一端的那位女子伤心吧。

曾有一次，徐志摩向她讲述了自己多年来的经历，那些孤单寂寞的日子，那些身不由己的决定，以及那些无人明白的心情。听着他幽幽的言语，感受着他心中的孤寂，她的心中萌生了想要陪伴在他身边的念头，却不肯将这念头坦露半分。然而，徐志摩的一首新诗却使她不由自主地开口，为他的诗续上相应的句子。

那诗句之间的碰撞，如同两心弦的交叠，将两人心中的共鸣尽显无遗，如此默契的配合让徐志摩心喜。他犹豫片刻，向林徽因伸出手，期待着她的回应，然而，他失望了。林徽因只是将手电筒递到他手中，便将手收了回去。夕阳的余晖映在她的脸上，他看到她的眼中有些晶莹的泪光在闪烁，只是强忍着没有让它们掉下来。

想到自己如今的处境，徐志摩也无声了。

人们常说，恋爱中的人都是诗人，随意说出的句子都如诗般美丽感性，让人听了不由心动。一位是才华横溢的才子，另一位是秀外慧中的佳人，他们的爱恋，便更如诗如梦般动人了。

林徽因是徐志摩的春天，她就像一朵春季里的花，静静绽放，就芬芳了徐志摩的整个世界。徐志摩因她而成了诗人，他为林徽因写下了许多的诗歌，用最美最真挚的文字倾诉着自己的爱恋，也将自己内心那个理想的世界展示给林徽因。他想让这个自己深爱的女子知道，自己对她的爱是那么真诚、那么热烈，也那么细腻，他想让这个看起来不食人间烟火的仙女走进自己的世界，再也不要离开，却也不想束缚她的生活和情感，宁愿她能够自由自在地幸福。

在徐志摩为林徽因所写的诗歌中，最被后人所广为流传的，是这首《偶然》：“我是天空里的一片云，偶尔投影在你的波心——你不必讶异，更无须欢喜——在转瞬间消灭了踪影。你我相逢在黑夜的海上，你有你的，我有我的，方向；你记得也好，最好你忘掉，在这交会时互放的光亮！”

这诗似乎预料到了故事的结局。故事的最后，她和他果然去了不同的方向，她先嫁了人，之后他也另娶一位女子，只是这段感情是否真的就此消失在历史里，谁也不知道。因为有些人认为，林徽因自始至终都不曾爱过徐志摩，她对他的感情只是一种敬仰和崇拜，是一种与文学有关的恋爱，而徐志摩本人于她而言，是一位温柔体贴的兄长、博学善导的老师，也是带她进入一个新世界的引导者，却不是一位爱人。也有些人认为，林徽因深爱着徐志摩，可是永远过不了自己心上的那一道坎，所以最后才会选择放弃。

关于林徽因对徐志摩的感情，或许我们只能从她自己的话中揣摩出几分。

许多年后，提及自己与徐志摩的这段感情，林徽因曾说：

“他如果活着恐怕我待他仍不能改变，事实上也是不大可能，也许那就是我不够爱他的缘故。”这话说得很委婉，也很模糊。她说自己“不够爱”，那么，便是承认自己爱了吧，只是她的善良她的理智，都不允许她去爱上一位有妇之夫，所以才会选择把这份爱存在心里，不与人提吧。不然，若是真的不曾爱，又哪来那么多的情、那么多的心思、那么多的感慨呢？

康桥一梦

康桥，即剑桥大学，那是徐志摩曾经留学过的地方，也是饱含了他与林徽因最美好回忆的地方。那里有他的青春，有他一生中最珍视的爱情，也有他最后的遗憾。当他最后一次回到剑桥大学，看着那些熟悉的场景，想起曾有的那些点滴，心中不禁感慨，于是才写出了《再别康桥》一诗，在诗中追忆他与林徽因一起在剑桥大学度过的时光。

这里寄存了许多人的梦，这些梦中，也包括他俩的。她曾陪伴在他身边，与他一起听过课。他曾陪伴在她身边，与她一起漫步校园。郎才女貌，才子佳人，走到哪里都会引起人们的注目和羡慕。每当他们同行在校园里，总会有不少同学把他们当成一对才貌俱佳的爱侣，并心生羡慕。

他们都不乏追求者，但都不曾被那些追求者所打动，偏偏只对彼此动了真情。那些追求过他们的人，见到他们在一起，也都悄然退去了。是的，在这样的两个人面前，任何甜言蜜语和殷勤都是多余的。在同学们眼中，他们便是来自异国的王子和公主，一个温文尔雅，一个端庄娴静，简直就是天作之合。

童话故事般美好的情节在剑桥大学的校园里一天天上演。在陌生的国度，因为有了彼此，他们的生活变得多彩，心也不再孤寂。

剑桥大学中有一条河，被称为康河，它流经校园，一直流向校外。微风抚过，清澈的湖面漾起微微的波纹，河中碧绿的水草轻轻摇曳，绿油油的，那么柔，那么美。有时，它是高贵的，那与生俱来的高贵气质令每一个经过它的人都感到其中的光芒；有时，它是忧郁的，默默无语，仿佛在怀念，在思量。

河畔的景色也是那么美，美得令许多学生心醉。白天，碧波荡漾，河畔的柳树舒展着婀娜的身姿，轻轻挥动着手臂，优雅而俏皮。而到了傍晚，美丽的夕阳下，河畔的金柳则变了一番模样，它们蒙上了金色的面纱，在河边亭亭玉立，宛如娇羞的新娘。夜幕降临，再看不清柳的模样，河水上泛着的月光却为它增色许多。远远望去，那月光下的河水好像一条闪着银光的项链，静静地点缀着宁静的校园。

这一切，都如徐志摩的《再别康桥》一诗中所描述的那般动人。在这样美丽的景色下，与心爱的女子一起，任凭落日的余晖洒在彼此的身上，无疑是浪漫的。所以，这河畔也是许多情侣们最喜欢来的地方。

拜伦曾在康河上游的水潭处游玩，并使那个平凡的水潭获得了以他之名命名的殊誉。徐志摩和林徽因虽然并没有在这里留下任何与他们相关的景点或建筑，却留下了许多浪漫的情节，为这里增添了许多幸福的气氛。

在康河边漫步的那段日子，是徐志摩和林徽因生命中最美好、最纯净的日子。傍晚，听着教堂里传来的钟声，他们看河面泛起点点的金光，看河下慵懒的水草时而舒展、时而曲卷着柔软的身体，看河畔碧草成行，一直向远处延伸，看石壁上细巧可爱的青苔，一层层向上方爬去。美丽的河边，他们赏着日落，吟着诗句。晚风过境，阵阵花香沁人心脾，令人如痴如醉。

康河上方一共坐落着七座小桥，每一座都有名字，也都有着不同的典故。仿照威尼斯的叹息桥而建成的叹息桥最为有名，也最为美丽。木制的小桥上时时洋溢着青春的气息，那是抱着书本的学生们来往的身影和清脆的声音。偶尔，也有学生因为担忧考试而发出一声叹息，那叹息声非但没有抹去这里的美，还恰好应了叹息桥这个名字。

林徽因陪伴着徐志摩走过一座又一座桥，听他在经过每一座桥时讲述那些因景而生的情，以及那些他所知晓她却不曾听闻的事情。有时，他的语气是兴奋的，因为他的心中升起一道绚丽的虹；有时，他的语气是忧郁的，因为他的心中下着蒙蒙的雨。当他讲述那些心情和事情的时候，她不曾言语，只是与他静静地并肩站在桥头，一起感受着河边凉爽的风，呼吸着清新的空气，做着和他相同的梦。她喜欢看他眼中闪烁的光芒，那是一种智慧的光芒，也是一种充满情感的光芒。

在叹息桥边，她曾听他提起过他想要撑一支长篙，缓缓地从桥下前行，却怎么也无法控制那支长篙。他的船在河中打着转，无法前行，也无法靠岸，只能羡慕着那些将长篙撑得轻松自如的英国姑娘们。

在数学家桥上，她从他那里听闻了他在建筑中领悟到的关于美和人生的哲理。“每一种美都有它固有的建构，不可随意拆卸，人生就不同，你可以更动任何一个链条，那么，全部的生活也就因此而改变了。”

林徽因不曾妖娆，徐志摩也不曾冒犯。他们的感情在滋长，他们的关系仍然纯粹。虽然，那爱已经不可剔除，但脚步总还停在那条界线上，未曾向前跨步。如诗如梦的恋爱静静地绽放着，就在这最美的康河边，他们的心中都产生了一丝战栗。那战栗，不仅仅因为月光和雾气笼罩下的康河美得难以言喻，也因为他们心中那份爱的感觉美得越过了这条河。

因为林徽因，徐志摩开始写诗，为她写诗，为他们的爱情写诗。他将整个人都沉浸在这段唯美的感情里，将家人对他的期望完全置之脑后。情感不断地从他的心中涌出，流成一首首动人的情诗。他是幸福的，有心爱的女子，有喜欢的事情，其他的一切，都变得不重要了。

相遇时，两人并没有过多的期求，只想并肩在相同的路上行走。那偶尔相对的双眸，她懂，他也懂，那份感受再也无处躲藏，随着目光，如泉涌。真性情的人，怎会将心中的情感压抑，怎会不大胆向心爱的人表露，只是，独有想要相守的愿望，却无力开口。那段日子里，他忘了自己已有家室，她忘了他已为人夫。没有风花雪月，那一场梦纯净至极，虽然充满了浓得化不开的情，却也不曾逾越半分。

此时的他们已然活在一个只属于他们的梦境里。他只是一个未曾娶妻的少年，在恰好的时间里，遇到了令自己心动的女子；她只是一个情窦初开的少女，在恰好的季节里，遇到了心有灵犀的爱人。他们用诗句对话，用诗句创造着他们的世界，那个只有他们二人，不受外界干扰的世界。

美梦让人不愿醒，生怕一醒来，梦便不在，一切都成空。若是在梦中能与心爱的人相守一生、相伴一世，而醒后却只能面对无尽的空虚和残酷的现实，那么，有谁会心甘情愿地从梦中醒来呢？无止境的感情彻底淹没了徐志摩心中对家庭的最后一点点顾虑，这其中，有对父亲的，也有对妻子的。只是他忘记了，梦总归是梦，总有一天会醒。

或许，她并没有去想太久远的以后，没有去想若是梦醒，今后要以朋友的方式继续联络，还是相忘于江湖。也许，此时她的心中已经容不下一丝猜忌和怀疑，也不愿让那些忧郁破坏了此刻的美丽。既然此刻拥有一份独一无二的美好，为什么不用心欢喜地去感受呢？将每一丝每一缕的情细细地梳理，然后将它们仔细地编织成锦帕，收藏在存放珍宝的阁中，随时可以取出，捧在手中感受那份美好，思念那份真实，已是不错的了。

而他却误会了她迟迟不肯前进一步的真正原因。他在爱，于是他认为，她也同自己一样深爱，一样渴望独有，渴望相守。他开始不满足，渐渐地，他发现自己想要的不仅仅是一位红颜知己，还是一位能够时刻陪伴他，将这份浪漫延续下去的女子，一位终生的亲密爱人。而越是与林徽因相处，他对她的爱就越深，对家中妻子的感情就越淡。

他怎会看不出张幼仪对他的心意，又怎会不明白她并没有过错，只是如他这般生性率真、追求自由的男子，如何能勉强自己的内心，留在一个自己不爱的女人身边？不爱，便是不爱，爱了，便要用尽一生去爱。

这世上的许多事情都可以勉强，唯有爱勉强不来。对于张幼仪，徐志摩心存愧疚，那愧疚源于他不爱。对林徽因，徐志摩也心存愧疚，那愧疚却是因为爱。对于一个不能让自己产生丝毫爱意却要守着自己妻子名分生活的人，他愧疚，因为责任；对于一个自己深爱却不能给她任何名分和承诺的人，他愧疚，因为心疼。

入梦很简单、很随意，梦醒则需要莫大的勇气。多少女子宁愿做那个永远沉睡在美梦中的公主，也不愿从美梦中醒来，就连徐志摩这样的男子都在美梦中沦陷了。而林徽因，这个生就与众不同的女子，却在最后的时刻醒来了。没有任何勉强、没有任何不情愿，她就这样平静地从梦中走出来，带着她那如初的淡雅、如初的洁白，和如初的芬芳。

哪个女子能够放下自己的初次心动？又有哪个女子在面对深刻的感情时能够心静如水，当它只是一段平凡的过往？当她回头去看那个属于她和徐志摩的浪漫美梦时，她的心中仍是甜蜜的、欣喜的，然而，她却深知，梦再美好终是梦，梦醒之后终成空。面对一份深入骨髓的爱，抽身而去，无疑是残忍的。而这种残忍，至少好过无止境的纠结，好过纠结过后可能坍塌的梦境。或许，多年之后，徐志摩在诗中写道“我挥一挥衣袖，不带走一片云彩”时，想的正是她当初的决绝吧。

烟火消散的瞬间

在诗人的眼中，少女的一丝微笑便已倾城。只是烟花纷飞，满眼繁华转瞬消散。爱而不得，究竟是至痛的遗憾，还是戛然而止的美好，也只能在岁月中慢慢体会。

梦一样的年纪里，徽因遇见浪漫多情的志摩，是最美妙的相遇。不过，回到现实的选择上，徽因的理智与判断，从未给她沉沦下去的选择。与此同时，林长民也开始适时张罗起女儿的婚事。

徐志摩的浪漫情怀此时已经火热，他知道即将面临一切残忍的变数，但是依然没有退回原点的打算。他给在德国柏林留学的妻子张幼仪写去了长信，语言直接而坦率：

“真生命必自奋斗自求得来，真幸福亦必自奋斗自求得来，真恋爱亦必自奋斗自求得来！彼此前途无限……彼此有改良社会之心，彼此有造福人类之心，其先自作榜样，勇决智断，彼此尊重人格，自由离婚，止绝苦痛，始兆幸福，皆在此矣。”

一字一句，宛若弯刀，刻在张幼仪的心上。隐忍多年，她的内心已经足够强大，但还是痛彻了灵魂。毕竟她曾经视他为生命的全部，倾尽了全部的温柔。

1922年3月，徐志摩与张幼仪正式离婚。那一天，徐志摩仿佛刚刚获得了自由的囚犯，觉得天空都亮了起来。而张幼仪则擦去了最后的泪水，坚定地给自己的人生翻过了一个篇章。多年后，这个几乎被世人遗忘的女子破茧成蝶，成为上海女子商业银行副总裁，也再度成家，拥有了完满的人生。回想那段最灰暗的日子，她感慨道："我是秋天的一把扇子，只用来驱赶吸血的蚊子。当蚊子咬伤月亮的时候，主人将扇子撕碎了。"

徐志摩的离婚，对周边圈子的触动是非常大的。很多长者都纷纷责备他做事太莽撞，不懂得珍惜身边的幸福。

梁启超也曾在与徐志摩的通信中有类似的内容：

"万不容以他人之苦痛，易自己之快乐。弟之此举，其于弟将来之快乐能得与否，殆茫如捕风，然先已予多数人以无量之苦痛。

"若沉迷于不可必得之梦境，挫折数次，生意尽矣，郁悒侘傺以死，死为无名。死犹可也，最可畏者，不死不生而堕落至不复能自拔。呜呼志摩，可无惧耶！可无惧耶！"

出于特殊的身份，梁启超一方面对徐志摩的始乱终弃表示愤慨，另一方面，他也不希望林徽因和梁思成的关系受到这次事件的影响。对于林徽因，梁启超充满赞赏，如果儿子能够博得如此才貌双全的女子的青睐，他认为是莫大的幸运。

在信中，虽然梁启超对林徽因只字未提，但是各种含义已经非常明显。不过，徐志摩是梁启超的学生，才华有目共睹，他依旧对这位爱徒爱之深责之切，他真心希望徐志摩能够早早成熟起来。他也深知这个年轻人的冲动性情，过分浪漫的情怀经常让他失去理性，想法和做法变得不切实际。

本想一语点醒梦中人，却没有收到好的效果。诗人的倔强与直接，可以作为徐志摩情绪的全部注解，他不去想旁人的眼光，更不想结果输赢，只想尽全力追逐他的幸福。很快，他便给老师回复了一封信，说道：

“人谁不求庸德？人谁不安现成？人谁不怕艰险？然且有突围而出者，夫岂得已而然哉？

“我将于茫茫人海中访我唯一灵魂之伴侣；得之，我幸；不得，我命，如此而已。

“嗟夫吾师！我尝奋我灵魂之精髓，以凝成一理想之明珠，涵之以热满之心血，朗照我深奥之灵府。而庸俗忌之嫉之，辄欲麻木其灵魂，捣碎其理想，杀灭其希望，污毁其纯洁！我之不流入堕落，流入庸懦，流入卑污，其几亦微矣！”

如此一番心灵表白，让人叹息，也让人佩服。诗人为情而生，愿意不顾礼教传统，抛去他人的讥讽与嘲笑，也愿意接受结果的不确定，只为了遵从自己的内心。让人不由得竖起大拇指，好个光明磊落的青年。能被如此炙热而坚持地爱着，林徽因是幸运的。

开明如梁启超，有了一来一往的书信后，他知道徐志摩的心意已决，便不再干预此事。感情的事终归要顺其自然，如果林徽因和梁思成命中注定要在一起，那么必然会穿越这些迷雾，最终牵起对方的手。

此时，徐志摩在南开大学授课，教授英国现代文学。直到1924年，他接受了北京大学教席的聘请。

离婚后，徐志摩走在自己的人生路上，心中始终念念不忘那一道倩影。他渴望得到佳人的芳心，却也不敢有什么贸然举动。课上课下，很多女学生追逐在他的身后，可是没有她的微笑，空气里都是寂寞的味道。

终于，他忍受不住相思的煎熬，决定去林家做客。他来到北京景山西街雪池胡同，拜访林长民。胡同不算长，但环境很是清幽，依傍在北海公园东侧，抬头便能看见圣灵的白塔，院子里干净清幽，一看便住着有格调的主人。

英国一别，已经许久不见。林长民热情地接待了徐志摩。徐志摩也发现，老朋友不知何时剃去了长长的胡子，乍看很不习惯，不过倒也显得干练年轻了许多。寒暄过后，林长民兴致勃勃地请徐志摩喝绍兴花雕，直说要比国外的洋酒好喝太多。

没有什么比朋友间的推杯换盏更畅快的事了。不过对于徐志摩来说，心中始终有一丝落寞，因为他滚烫的一颗心仍旧无处安放。这次拜访，他没能见到林徽因。

餐后，林长民带着徐志摩参观自己的宅子，两人谈笑风生。蓦然间，诗人抬头看见了悬挂在书房“雪池斋”中福建老诗人陈石遗赠给林长民的诗：

七年不见林宗孟，划去长髯貌瘦劲。

入都五旬仅两面，但觉心亲非面敬。

小妻两人皆揖我，常服黑色无妆靓。

……

长者有女年十八，游学欧洲高志行。

君言新会梁氏子，已许为婚但未聘。

酒的温度尚未散去，一秒钟前的笑容冻结在脸上。一句“君言新会梁氏子，已许为婚但未聘”让他的心瞬时跌入了谷底。他的眼睛开始迷茫，舌头已经僵硬，不知还有什么语言能压过此时翻腾的情绪。世界已经静止了，喉咙被什么哽住，足足两分钟，他一个字也没有讲出来。

你也在这里

有一种感情，叫守候，无论你走出多远，无论你在何方做着何事，或者思念着何人，我都一直在这里默默地守候着你；无论你经历了多少风霜雨雪，看透了多少世间的沧桑，我对你的心都一直在那里，不偏不倚；无论你期盼怎样的生活，是安居陋室或是自由随风，只要你不拒绝我的陪伴，我就愿意一生陪着你。

梁思成对于林徽因的感情，大抵便是这样的，虽然他也一样的爱，但他的爱却更加平实、更加安定。若说徐志摩的爱如夏日里的似火骄阳，如狂风中猛烈海浪，梁思成的爱便如那夏夜里的静谧月光，如山间里的柔和清泉。

人们在孩童时期的经历往往会影响他们一生，那些经历、那些沉淀在心中的感受，像一根无形的线一般，悄悄地牵动着他们的脚步，影响他们的工作、生活和感情。梁思成会这样对待自己的感情和爱人，与他幼年生长的环境有关。

梁思成的父亲梁启超自年轻时就开始为各种政治活动奔

走，待到梁思成出生后，他虽然非常珍视这个经历了无数波折才降临到自己家中的儿子，却仍没能停下奔忙的脚步。那时，他们一家居住在日本，陪伴在梁思成身边的，多是梁思成的兄弟姐妹，所以梁思成的童年虽然略有遗憾，倒也不至于寂寞。梁思成就读的学校也是由中国人开办的，传递给他的都是传统的中式文化和思想，这让他受益良多。

人与人的相遇有很多种，有时像两片云朵，有过交集，又各自飘向远方；有时像飞鸟和鱼，享受同一片天空和湖水，却始终生活在各自的世界里；有时像两片雪花，落在同一处，然后融化，再也分不清彼此。这三种相遇，第一种最为寻常，第三种最为难得。那能够不生于同巢却终于同穴的，才是世间男女最为羡慕的至死不渝的爱情。

在这个世界上，总有那么一个人与我们恰好适合，而在遇到那个人之前，我们要走过不少的弯路，经历无数的磨难和波折，只有极少的人才有幸一路无阻地遇到命中注定的那个人，与他相识、相知、相守，这样的经历，便成了一段流传甚广的爱情传奇。相遇之前，没有人知道，属于自己的那个命中注定的人在哪里，在做什么，也许曾幻想过他的相貌，或高大威猛，或文质彬彬；也许曾幻想过他的谈吐，或令人开怀大笑，或令人如沐春风；也许幻想过他的举止，或给人以安全感，或让人感到体贴的关怀。而当他真正出现在自己面前的时候，那些幻想就没了丝毫的意义。

1912年，11岁的梁思成随父亲回到中国。回国后，梁启超对国学又开始有了研究，家中自然也就充斥着国学的氛围，无论是儿女的谈吐，还是餐桌上的礼仪，无处不体现着良好的习惯和传统。1913年，梁启超的职位发生变动，便带着一家人去了北京，并让12岁的梁思成开始接受西方的文化教育。

梁思成与林徽因同是出身于书香门第，他们的父辈不但身份相仿、年龄相仿，志趣也十分相投，无论在政界还是在文学领域，梁启超与林长民都非常谈得来，接触时间一久，便自然而然地成了志同道合的朋友。

林家有女初长成，梁家有儿正青春。眼看着两个孩子一天天长大，出落得越来越大方得体，梁启超和林长民的心中也有了更多的心思，作为多年的好友，两人心中都有一种默契，便是希望两家的儿女能够成为一家人。在他们的安排下，17岁的梁思成第一次见到了14岁的林徽因。

血气方刚的梁思成起初并没有恋爱成家的打算，但是他尊重父亲的意思，于是去了林家。他本以为这不过是一次礼节性的拜访，谁知这一见，便订了他的终身。那个如芙蓉般清新淡雅、如仙子般俏丽动人的小姑娘出现在他的面前，对他莞然一笑，他的魂魄便立刻被她定住了。她转身时，两条小辫子一甩，在空气中留下一道水墨画般的痕迹，那么清新、那么动人。

见到这样一个清秀有礼的少年，林徽因的心中是喜悦的，却没有丝毫的心动。此时的她还不懂得男女之情，也不曾有过那种渴望有个男子与自己交流的心情。那感情与她之后见到徐志摩时的心动不同，平静如水，甚至没有一点波澜。出于礼貌，两人相视一笑，没有过多的接触和交流。之后，他留在客厅，她礼貌地退回房间，一次短暂的会面就此结束。

之后的那些年，林徽因走过了许多地方，经历了许多新奇的事情，遇见了许多性格迥异的人，她甚至不曾记起曾经与这样的一个少年有过一面之缘。尤其是她与徐志摩在一起的那段日子里，“梁思成”三个字成了她记忆中一个模糊的名字，她在那些如诗如梦的浪漫中留恋，在那康河闪着的光芒中幻想着、感受着，却从未知晓，在遥远的地方，有一个人一直在为她守候着。

林徽因不在身边的那段日子里，梁思成一直专心攻读他的学业，有时，他也会在梦中见到那个令自己魂牵梦萦的女孩，梦见她坐在自己的身边，沐浴着阳光，畅谈着理想。有时，他也会梦见她与自己并肩行走在夕阳的余晖里，笑靥如花，倾过头，对自己露出动人的微笑。而他的这份相思，却从未向林徽因诉说过。

不似徐志摩那般，用炙热的诗句来融化少女那薄如蝉翼般的防备，对待自己的感情，梁思成选择了等待。他相信，总有一天，那个女孩会回到她曾经生活的国度，与他生活在同一片天空下，呼吸着同样的空气。他相信，守得云开见月明，总有一天，她会来到他的身边，与他一起谱写接下来的篇章。

静默的等候、耐心的守望，终于，他等到了这一天的到来。当他得知林徽因回国的消息时，他的心中涌上了一种略微不同于以往的激动。这或许是他这么多年来，第一次感受到自己真正地爱着一个人。之前的日子，或许自己只是在单相思，或许只因父亲的一句话，才让自己有动力坚持下去，或许只是在憧憬一种幸福的生活，而当这样的生活真正地降临到他面前时，他却有些不敢相信了。他不确定那是真的，也不确定自己的期待究竟会落空，还是会美梦成真。

在英国，林长民对林徽因和徐志摩二人的感情早已有所察觉，他不封建，不反对女儿自由恋爱，却也有着他的原则，便是婚姻不可以任性随意。他相信林徽因在面对感情时，会作出理智的选择，事实证明他的信任是正确的。

有人说，六月出生的人是有主见的人，敢想敢做，了解了林徽因一生经历的人，无一不赞同这样的说法。17岁时，她恋爱了，面对一个有着复杂过去的男子，她没有压抑自己的内心，真实地去爱了。花样年华，面对众多爱慕自己的优秀男子，她的心不曾动摇，最后只选择了最适合自己的一人，与他共结连理。20岁时，她为了能学习自己最心仪的专业，远赴重洋，几经辗转，最后终于如愿以偿。

上天不但赐予了她天生清丽可人的样貌，也赐予了她聪慧的头脑；不但赐予了她丰富的情感，让她写出了许多感性的文章，也赐予了她严谨的理智，让她设计出了那么多出色的建筑。这样的一位女子，怎能让男人不为之动心？也正是这样一位女子，让许多男子自叹不如，望而却步，只敢远观，不敢亵玩。或许正是因为她与生俱来的这种气质，才让她在感情的道路上收获了一份踏实的爱情，和那个最懂得尊重她、最能够支持她的男子走完了一生。

有些时候，我们在感情中一直心心念念的那个人，并不见得是我们最需要的，也并不见得是最适合我们的。有些时候，当我们寻遍了天涯都不曾寻到最适合自己的那份爱，带着一颗失落的心回到原地时，才发现那个最适合自己的人一直都在原地，不曾走开半步。

在对的时间遇到对的人是幸福的。在想要浪漫的时候，想要体验感情中酸甜的时候，一个翩翩公子的到来是恰好的；在想要安稳的时候，想要一份安定平和、波澜不惊的生活时，一个踏实本分的人的到来是恰好的。只要那个人在对的时间出现在我们的面前，我们就是最幸福的。

一路走来，林徽因有些累了，与徐志摩在英国的那段情感虽然是她心中不可能忘怀的经历，但她也不能接受因为自己而让一个善良无辜的女人痛苦的事实。她的心，想要安定了，而这份安定，却不是那个能够给她浪漫、给她华美、给她梦幻的男子能够给予她的。她想要的，只是一个平凡的人，一个能够用一颗包容、平静的心去对待她、去对待他们之间感情的人。

回国后，她意外地发现，那个人恰好在那里等她。与多年前那次匆匆的相见不同，此时的她，对这个男子产生了一丝好感，虽然那还算不上是爱、算不上是心动，但至少，有一种亲近，有一种安稳。她不知道这些年，这个男子过着什么样的生活，也不知道这么多年不见，他对自己的感情究竟是深刻还是淡漠，她只知道，此时此刻，这个人是自己想要的，是最能够安抚自己心灵的那个人，这便足够了。

第三章

患难真心：

离别是为了更好地相逢

坚定爱情坐标

在爱的道路上，几乎每个人都走过弯路，或许爱上了不应该爱的人，或许错把美丽的误会当成了缘分，或许……一切都只是或许。那深深爱着的人，并不是自己的真爱，也并不是最适合自己的人，他只是一个幻象，是沙漠中的海市蜃楼，只是因为太久不曾遇到甘霖，只是因为过度的干渴，才会把那幻象当作真正的景象，为它奋不顾身，为它执迷不悟。

每一个遇到的人，我们都曾当他是命中注定，却直到幻象消失的那一秒，才肯承认，他只是生命中又一位过客。他的到来，令人兴奋，令人激动，令人不知所措，而当他走后，激情退去，心情归于平静，才知生活，并非需要那些罗曼蒂克，并非需要那些花前月下，并非需要那些山崩地裂……真正需要的，是心底最深处的那份安定和稳妥，是一股潺潺的泉水，日夜缓缓地滋润着心田。

回到熟悉的国度，生活仍然继续着。刚回来时那既熟悉又陌生的感觉，渐渐变成了平静，在原来的学校中继续自己的学业，便是林徽因回国后的生活。唯一不同的，是她已经不再是那个懵懂的小姑娘，对于感情，她有了更多的感悟，也有了更多的需求。眼看她出落得越发水灵，越发富有女子的气息，家中也开始考虑起她的婚事。在林长民心中，早在离别前便与好友定得心照不宣，如今也应该将它变为白纸黑字了。于是，便有了林徽因与梁家长子的一纸婚约。

接受过西方文化思想的林徽因并不是守旧的女子，但若是一早便有了婚约，想必在伦敦时，她也不会任由自己的感情如野草般生长，最后缠绕了整颗少女之心。无人能猜测得出，如她这般的女子会不会因为传统的束缚压抑自己的情感，但，至少她会是收敛的、含蓄的。一如她定下婚约之后，对徐志摩仍然以礼相待，却不再言情。

婚约已定，婚期在即，只待执子之手，共结连理，从此举案齐眉，与子偕老，意外却发生了。那一年，梁思成22岁，林徽因19岁。

那一天，是北京的大学生因为“五七国耻日”而举办游行的日子。身为爱国学生的梁思成从家中推出了大姐从国外带回的摩托车，载着弟弟梁思永一同前往。路并不算远，也不难走，或许正因如此，他的心里有些疏忽了。

梁思成迫切地想要追上游行的队伍，脚下便不觉地踩重了油门。车子飞快地行驶着，到达长安街时，距离游行的队伍已经不远了。梁思成转动车把，想要将车子驶入大道，却不承想到从拐角处驶来一辆轿车，将他们的车子撞翻了。

豪华的轿车中坐着一位政府的官员，眼看着两位年轻人，一位被压在了摩托车下面一动不动，生死未卜，另一位被重重地摔飞，血流不止，他没有下车，甚至没有多看一眼，便吩咐司机将车开走，留下伤痕累累的兄弟俩。

带着浑身的疼痛，梁思永小心地从地上爬起来，幸好，没有大碍。他又缓慢地挪回摩托车前，呼唤着梁思成，可是无论他呼唤得有多大声，梁思成的眼睛都没有睁开。看到哥哥面无血色，一动不动地躺在那里，梁思永的心沉了一下，他想马上将哥哥从摩托车下救出来，却无能为力，于是，他赶回家，叫来了家中的仆人，让仆人把不省人事的梁思成背回了家中。

看到心爱的长子伤得如此严重，梁启超心痛万分，立即命人去找医生。时间一分一秒地过去，近半个小时过去了，医生还没有来，梁启超的心在滴血，他一边祈祷医生快一些到来，一边祈祷儿子能够平安。就在这时，梁思成缓缓地睁开了眼睛，脸上也恢复了一些血色。梁启超悬着的心刚刚想要放一下，儿子的话却让他又一次将心提了起来。

“爸爸，我是您的不孝儿子，在您和妈妈把我的全部身体交付给我之前，我已把它毁坏了。不要管我，特别是不要告诉妈妈。大姐在哪儿，我怎么能见到她？”听到梁思成这样说，梁启超的心又开始痛了，他急忙让儿子先不要说话，好好地休息。

医生终于到了，他检查过梁思成的伤势后告诉梁家人，梁思成伤得太严重，需要立即住院。于是，梁家人急忙开车将梁思成送进了协和医院。办好住院手续，安顿好梁思成和梁思永之后，梁启超这才想起，应该通知林家人一声。

得到消息的林徽因匆忙赶到医院，当她看到躺在病床上的梁思成强忍着疼痛对她微笑时，她的心仿佛被塑料袋紧紧包裹住一般，疼到难以呼吸。记忆中的梁思成，一直是一位彬彬有礼、朝气蓬勃的青年，而此时，那病床上的人，却让她感到那么陌生，他面色苍白，一动都不能动，仿佛一尊雕像一般静静地躺在那里。但是她没有害怕，没有退却，没有去担心自己是不是就要嫁给一个可能终生残疾的人，她此刻只在想，但愿他的伤能够快些好起来。

医生说，梁思成的伤势虽然比较重，但好在只伤了腿骨，没有伤到脊椎和神经，只要骨头愈合，对日后的生活不会有太大的影响。只是，行走方面可能也会有些不便。听到医生给出的结论，林徽因的心中才稍有安心。她静静地坐在床边，守着这个即将成为自己丈夫的男子，若有所思。

她想起之前那些与他相处的日子，自己住在紫藤小院中时，他时常来寻自己，倾听自己的话语，与自己谈心。那时，两人总有说不完的话。她想起自己心中所想的点滴竟然能从他的口中说出，想起他憨厚中偶尔流露出的调皮眼神，想起他在自己身边时，心中的那份踏实和安稳。她也想起他是如何对待自己的，想起他望着自己时眼中浓得化不开的珍爱，想起他与自己交谈时言语中满溢的赞赏，想起他腼腆的笑容里透着的忠厚可靠。无疑，她是喜欢与他在一起的，因相似的经历而喜欢，因相互的默契和理解而喜欢，因无故的满足而喜欢。

她的眼圈红了，眼眶湿润了，在她的心里，有一个决定萌生了。

短短一个月内，梁思成先后接受了三次手术。在他住院的日子里，林徽因的举动让所有人都惊讶不已。为了照顾手术后的梁思成，林徽因向学校请了假，每天都到医院里来，给梁思成喂饭、喂药、读报，帮他翻身，为他擦汗。谁能想到，这样一个看起来十指不沾阳春水的学生、这样一个不食人间烟火的女子，面对一个身不能动的病人，竟然能够付出十分的耐心。

得知梁思成十分思念他的大姐，林徽因便为他代笔，给远在国外的大姐写信，那份自然、那份从容、那份默契，仿若相处多年的夫妻，连她自己都没有意识到，自己的心正在一天天、一点点向他靠拢。有时，她也轻俯在他耳边，为他讲一些有趣的事情，看他笑了，她的心也放松了。

在一些人的眼中，特别是在梁思成的母亲眼中，林徽因这样做却是不大合礼数。男女授受不亲，毕竟还未成夫妻，怎么可以和男子有如此亲昵的举动？然而林徽因却仍然保持着一贯的坦然，像她对待所有事情一样。或许在她的心中，虽然还未礼成，但既然已有婚约，便已经是一家人，照顾自己的未婚夫，又有什么不可以的呢？

患难之中，才见真情。或许在最初，林徽因对梁思成的感情只是淡淡的，但在照顾梁思成的这些日子里，她对他的了解又多了几分，对他的感情也更深了几分。当这个不懂浪漫、不会说甜言蜜语的男子对她说，有她的陪伴，他三生有幸时，她的心竟然不小心跳漏了一拍。

那段日子，算不上林徽因生命中最美好的日子，相比于康河边的漫步、雨雾中的呢喃、诗词中的幻想，在医院照顾病人的日子单调而无趣。但那段日子，却是她生命中最难得的日子，她终于有机会去了解那个自己即将托付终身的人，终于有机会去体验一种平平淡淡的生活，一种踏实、一种安静、一种随意。

终于等到梁思成出院，她仍如那朵白莲，清新淡雅，亭亭玉立，温婉知性，聪慧明理。而他，却要一辈子承受跛足的事实，再也无法如常人般正常行走，更不要说与她站在一起，男才女貌。梁思成的心有些忐忑，他担心残缺的自己无法与天仙般的林徽因般配，也担心林徽因的心中会有不甘。而当他走出医院的大门，看到手捧鲜花迎接他的林徽因时，心中的顾虑彻底烟消云散了。

最好的爱情并没有多么复杂，只是在它到来的时候，没有早一步，也没有晚一步，一切都那样刚刚好。在合适的时间遇上了合适的人，也许不一定是最好的自己，也许不一定是最好的对方，只是恰好，两人都最适合对方。那是不同于四目相对的时候，两人的眼睛里，都有一种光芒在闪烁着，那是对未来生活的渴望，也是对彼此的坚定。于是，他们决定，牵起彼此的手，一生一世，一起走。

马尼浦王的女儿

1923年，北京西单一座小小的庭院里走进了几位年轻人，他们的到来让这座幽静的小院立刻充满了别样的气息。这里曾是一间学士府，居住过许多的文豪和他们的挚友。院子虽小，却并不简陋，那藤萝，那槐树，那柿树，都静静地站立在院子里，恭敬地迎接着它们的新主人。

那是一群拥有英美留学生涯的海归学子们，关于艺术的共同梦想将他们连接在一起，于是，他们决定在北京成立一间文学俱乐部，并以此为基础开展文学活动。最后，他们选择了这里，一间充满着文化气息和底蕴的庭院。

更多时候，这座庭院中是寂静的，空空的客厅里，除了一位接待来客的听差，看不到其他的人。客厅的后方有一间小屋，里面居住着一位样貌斯文，看起来书生气十足的男子。每天，他都在那间小屋里静静地读书，静静地作诗，静静地写信。他，便是徐志摩，这里，便是由他参与创办的“新月社”。

新月社的元老一共9人，每一位都是才华横溢的海归学子，他们不但文采出众，对世界的见解也非常独到，在他们的心中，新月社不但是他们心中的一弯新月，也是中国文坛上的一弯新月。见过海阔天空，他们所讨论的话题便不局限于文学和艺术，也涉及政治、人性。每当他们在这里集会，他们都会激昂地讨论，热诚地创作着属于他们自己的诗歌和刊物，他们是那样地投入、那样地忘我、那样地放松，院子里时常会响起他们分享彼此诗作的朗诵声，以及那开朗清澈的笑声。有着古老书香气的院子，朝气蓬勃的年轻人，一陈一新，一静一动，年轻人身上散发的青春活力仿佛也感染了这间院子，令整个院子都充满了生机。

在这群年轻人中，一位衣着素雅的姑娘总是最吸引人的目光，她不但容貌俏丽、声音婉转，所创作的那些诗作也格外令人动容，她便是林徽因。与徐志摩的那段感情已成往事，她早将那份美好的记忆封存于脑海，并坚定了自己与梁思成的爱情。面对徐志摩，她的心不再如春水般波动，与他的交谈，也不再与感情有关。她能够平静地走入这座庭院，正是因为如此的清心。

然而，她也有一丝不平静。那不平静来自于自己对文学和艺术的热爱，也来自于对释放梦想的期待。社里成员们积极阳光的情绪时刻感染着她，让她仿佛看到了一弯新月遥遥挂在中国文坛上空的景象。

1924年4月23日，一场演出让林徽因的情绪完全飞扬了起来。那不是一般的演出，而是向泰戈尔表示敬意而演出的诗剧——《齐德拉》。

新月社这个名字便是来自泰戈尔的《新月集》，泰戈尔来访中国一事使社中所有人都兴奋不已，听闻他将在中国度过他的64岁生日，为了表达对这位大文学家的敬意，他们最后决定，为他呈现一场精彩的演出，出演《齐德拉》。这部诗剧是泰戈尔根据《摩诃德婆罗多》中的一段故事而作，而林徽因所要扮演的角色，是诗剧中马尼浦王的女儿。

泰戈尔对中国有着深厚的兴趣，他每去一座城市演讲，都会安排几天时间去欣赏那些动人的山水、那些沧桑的古迹，并频频称赞。那段日子里，徐志摩一直陪同着他，为他担任翻译和向导，而林徽因虽然人在家中，心却早已飞出了屋檐，飞到了那位大文学家的身边。她每天都关注着报纸上的新闻，想着若是自己真的见到他时要说些什么。

泰戈尔到达北京那一天，林徽因身着咖啡色的连衣裙，激动地在站台等待着他的出现。没有过分华丽的修饰，没有激动的呐喊，她只捧了一束红色的郁金香，静静地站在那里，可是她的心跳得厉害。当泰戈尔走下车时，她的呼吸瞬间像是被什么扼住了一般，之前构思好的话语也都瞬间消散了。她呆呆地望着这位仙风道骨的老者，这位令自己崇拜不已的文坛泰斗，这感觉是这么亲切、这么真实，简直让人无法用语言来形容。

泰戈尔在北京的日子里，林徽因终于可以不再凭借阅读报纸上的方块字来了解泰戈尔的行踪和动态，同时她本人也成了报纸上的焦点。她与徐志摩共同陪同泰戈尔在日坛公园演讲的照片被登上了北京各大报纸的头版，一时间，无人不知，无人不晓，林家有这样一位美貌大方的小姐。

那天，将泰戈尔扶上讲台后，林徽因便回到席位上聆听泰戈尔的演讲。待到他口渴时，再为他端上一杯热茶。坐在最近的位置，老人的每一句话她都听得真切，她为老人的精彩演讲而感动，并对徐志摩完美的翻译表示赞赏。看着那位老人在讲台上慷慨地演讲，她仿佛看到了大海的入海口，那是宽广无比的地方，多少河水从那里流经，然后汇入无边的大海，数怕是都数不过来的。那份包容、那份博大，也绝非他们这些后辈能够达到的。

5月8日，在泰戈尔的生日宴上举行了一场由梁启超主持的命名仪式。这位喜爱中国文化的老人对自己得到的中文名字“震旦”非常满意，特别是他在听了这名字的解释后，更是激动不已，连连道谢。他没有想到，惊喜接二连三，晚宴后，由林徽因和徐志摩演出的戏剧给了他另一份惊喜。当林徽因身着印度服饰，用流利动听的英语讲述着这段动人的爱情故事时，老人深深地被她打动了。

红色的幕布缓缓地拉开，林徽因的脸上是印度化妆师为她化的妆容，身上是古代印度的服饰。她站在台上，轻呼一口气，那早就熟记于心的台词便从她心中流淌出来。站在台上，她忘记了自己的身份，忘记了自己在扮演故事中的人物，那些话，从她口中说出，听起来是那么自然，仿佛她就是那个从小被视为男孩子，却在成年后为了与心爱的王子相爱，向爱神请求动人美貌的那个可怜的公主。

她的表情诚恳，言语真诚，浓妆遮盖了她原有的面容，少了几分清丽，却多了几分坚强。此时的她，不再是那个娇羞可人的林家小姐，而是一位从小被当作男孩子教育，勇猛善战，最后将会接任国家王位的公主。她的外貌是帅气的，男孩子一般的，而她的眼中流露出的，却是少女对爱情的渴望，对心上人的渴望。她来到爱神面前，怀着一颗虔诚的心，向他讲述着自己的心事——那一直被压抑在内心深处的渴望，和对感情的期待。她请求爱神赐予她美丽的容貌，让她可以以一位美貌女子的形象去与她的心上人相识。

扮演爱神的徐志摩第一次见到这样的林徽因，他被她影响，也立即入了戏。你一言，我一语，你一问，我一答。那康河边的默契又一次回来了，或许，他们二人心中的默契从未消失过，才能使他们二人在一人离婚，而一人身有婚约的时候自然地以朋友的方式相处。在她心中，他仍然是她的知己，是她生命中有着非常意义的男子。而在他心中，她永远是天边洁白的一朵云、湖心淡雅的一朵莲，是飘经他窗口那一片雪，要是想时刻见到她的美，便只能远望，不能碰触她。

人生如戏，戏如人生，多少人戴着面具生活，在人生的舞台上扮演着不是自己的那个人？又有多少人为了种种原因，不断更换着自己所扮演的角色？有多少人，在戏中迷失，忘记了自己的身份，忘记了自己的声音？有多少人，在戏中挣扎，想要逃脱，却始终被困在戏里？有的人的一生总是一场场过场戏，一次又一次装点了别人的美梦，丰富了别人的人生。有的人的一生是一场独角戏，生命中遇到的人们来了又走，去了又回，终究还是只有自己一人站在原地。

在舞台上，他们演绎的是齐德拉公主和爱神，在生活中，他们演绎的又是谁呢？林徽因和徐志摩，已经分不清谁是谁的过客，谁又是谁的曾经，谁是配角，谁又是永远不变的主角。此刻他们心中除了剧中人物的情感，别无他想。他们都忘记了自己，将自己当成了剧中之人。

台下的观众都被他们的情绪感染了，在林徽因扮演的齐德拉决定放弃爱神和春神赐予她的美丽，而选择了真实时，她的感情达到了顶峰，观众们的感情也达到了顶峰。戏完美落幕，不绝的掌声回响在礼堂中，泰戈尔拍着林徽因的肩膀称赞她是天生就拥有美丽与智慧，并将拥有它们终生的女子，这对于林徽因而言，无疑是莫大的荣耀。她的心里激动万分，眼中闪着亮亮的光芒，像荷叶上的露珠，像黑夜里的星。

林徽因出色的演出赢得了几乎所有人的喝彩，唯独两个人对此并不欣喜，一位是梁启超，另一位是梁思成。他们虽不是封建不化的人，却也在见到林徽因与徐志摩在舞台上那动情的演出时感到了不悦。而梁家的夫人和梁思成的大姐在得知这一事件后，更是愤愤不平，在她们眼中，这位还没进门的林家小姐丝毫不在意影响，公然在大庭广众之下与一位男子眉目传情的做法伤了梁家人的面子，更何况，那男子还是曾与她有过情缘的人。

对于林徽因的演出，梁思成并没有说什么，毕竟那只是演戏。他不是对林徽因与徐志摩的过去一无所知，只因林徽因最后选了自己，且在自己住院时对自己照顾有加，他便放下了防备和担心。但是，爱情中的人多少都是自私的，他可以容忍他们在舞台上的对话，却不能容忍他们在生活也同样看上去情谊颇深。徐志摩时常在他们在图书馆约会时不请自来，参与到他和她的对话中，看着他们交谈甚欢，梁思成再也忍不住了。为了避免正面与徐志摩发生冲突，他将一张写有“Lovers want to be left alone（情人不愿受干扰）”的纸条贴于图书室门外，以此拒绝徐志摩的擅自进入。

送走了泰戈尔，他们的生活又一次恢复了平静。两颗星又回到各自的轨道中，徐志摩的新月社已经越发有了名气，而属于林徽因和梁思成的新生活即将开始。

执手他乡

徐志摩曾向泰戈尔讲述过自己对林徽因的情，泰戈尔被徐志摩的那份痴心所打动，也曾尝试为他们牵一条红线，令这对才子佳人终成眷属。然而，落花有意，流水无情。与这位小姑娘接触的次数越多，泰戈尔就越能明白她的心思，也越发明白这两人之间已隔了万水千山，再难回头，这令他感到深深的惋惜。

离开中国前，泰戈尔为林徽因作了一首诗："蔚蓝的天空下，山林郁郁葱葱，天空从上方俯视着山林，一阵风偶尔从他们之间经过，见此情景，不由轻轻地发出叹息声。"聪慧如林徽因，怎会不懂得诗中的含义？然而，她的心已定，意已决。与梁思成一起赴美留学的手续已经办好了，送走泰戈尔之后，她也将再次离开这座城市，这座成了她第二故乡的城市。

徐志摩是与泰戈尔一起离开的，他也已然知晓了林徽因即将与梁思成一同留学他乡的事情。若说之前，他对林徽因还抱有一丝的期望，即便不能结成夫妻，至少还可以时常借故看到她，出现在她身边，而此时此刻，他不得不承认，一切都过去了，就那样真的再也无法挽回了。

拿出笔，想要写些什么，却迟迟无法落笔。那深深的爱、那重重的情，压得他有些呼吸困难。犹豫了片刻，他还是落下笔，用略微潦草的字迹向白纸吐露自己无处可诉的心事。

“我真不知道我要说的是什么话。我已经好几次提起笔来想写，但是每次总是写不成篇。这两日我的头脑总是昏沉沉的，开着眼闭着眼却只见大前晚模糊的凄清的月色，照着我们不愿意的车辆，迟迟地向荒野里退缩……”字迹渐渐在眼前模糊起来，他的心中，有不舍，有伤情，还有一些恐慌。他害怕这次离别会是他们的永别，害怕再也不能相见，也害怕再次相见时，自己心爱的女人已经成了名副其实的梁家少夫人。

他知道，林徽因看到了他眼中的泪，当那熟悉的声音在月台上响起，喊着“徐志摩哭了”的时候，他的心又一次颤动了。这声音，这清脆又温柔的声音，像夏日的雨滴敲打在他心上的声音，以后，或许也再难听得到了。恍惚中，火车已经驶离了站台，徐志摩的心乱极了，像被猫咪抓乱的线团，打着结绞在一起。回过神，看自己写下的那些字句，他不由得苦笑，自己这是在做什么呢？她已是别人的妻了，自己又何必如此？不如，就让它随风去吧。想着，他捏起那写着他心事的半封信，打开了飞速行驶的列车的车窗。

信没有飞出车外，而是被泰戈尔的秘书抢下收了起来。他的这份心意，也随着信被收藏起来了。

徐志摩在车上的那些情绪，林徽因虽然并不知情，却也能猜想出几分。她深知徐志摩对她的情谊，也深知如他那般多情的人，无论如何都不可能真正洒脱地离开。然而，她却无心去猜想，去担忧，对于她而言，过去的感情就像一页被翻过的书页，与其反复地翻看，直至书页泛黄破损，不如就不再去动它，让它一直保持着原来的书香与洁白，成为心中一页美好的回忆。即将到来的留学生活才是最能令她兴奋的事情，她回到家中，开始收拾行李，为即将到来的留学生活做准备。

外出留学，对林徽因而言不是一件大事情，多年前的留学经历令她提前体验了国外的生活，接受到国外的先进思想，也交到了几位国外的朋友。只不过，上一次出国，身边的人是严肃的林长民，而这一次出国，身边的人是憨厚的梁思成。一位是父亲，一位是未婚夫，即将成为自己丈夫的男人，他们都是能给予自己安全感的男人，却都不是浪漫温柔的男人。或许这便是日后，林徽因在国外时常感到寂寞的原因吧。

与他们同行的，还有梁思成的大学同学陈植，他们三人先在纽约康奈尔大学读了两个月的预备班，之后便一起去了费城的宾夕法尼亚大学。对于这次出国求学，林徽因的心里很激动，上一次，她还只是个小姑娘，所学的课程中也不曾涉及专业的选择，而这一次，她已经确定了自己要学习的专业，她要和梁思成一起学建筑。

第一次留学生涯里，林徽因从一位伦敦的同学那里听说了“建筑”这个词。她第一次听说这个词时并不理解建筑是什么，而当那位同学为她作了详细的说明后，她便对建筑产生了深厚的兴趣。既能从事艺术，又能创造出实用的东西，那是多么美妙的一件事情啊！林徽因由此确定这就是她今后要选择的事业，并在回国后对梁思成讲起了有关建筑的种种。梁思成是一个热爱绘画的人，当他听林徽因讲完关于建筑的种种后，他的血也沸腾起来了。于是，两人就这样商定了留学要选择的专业，并开始构想留学之后的生活。

那段时间里，两个人惊讶地发现彼此之间竟然有着这么强大的默契，除了生活上的交流，学业和事业上的交流也无一丝阻碍，这让他们更加坚定了对方就是自己一直在寻找的伴侣，不仅是生活的伴侣，更是灵魂的伴侣。

到了纽约，他俩和陈植三人合租了一间带阳台的小公寓，除去上课的时间，他们或背起画夹外出写生，或索性就坐在阳台上，一边享受阳光，一边聊天，一边欣赏对面清秀的风景，那阳光和美景令他们每个人都倍感舒心。

两个月的预备班的时光是舒适快乐的，若不是收到几封由梁思成大姐寄来的信件，可算得上是最完美的时光了。泰戈尔离开了，徐志摩离开了，梁思成也带着林徽因离开了，之前的一切都已经是月历上的月份牌，撕掉了便不在了。可是梁思成的母亲和大姐却仍然对林徽因心存芥蒂，一度劝梁思成放弃林徽因，这让林徽因的心里非常不舒服，她甚至曾考虑是否要放弃与梁思成去同一所学校学习的机会。

没过多久，林徽因病了，连续几天的高烧让她无法分得清自己看到的是现实还是幻境。多数时间里，她都在病床上沉睡着，那么安静、那么令人心生怜爱。清透的面颊已经因高烧变得发红，嘴唇干干的，没了往日里的水润和光泽。她的眼睛轻轻地闭着，睫毛微微向上翘着，呼吸平缓而微弱。有时，噩梦和奇怪的感觉突然来袭，她想要逃离那种阴冷的氛围，逃避那种天旋地转的包围，却始终睁不开眼。

看到平日像百灵一般活泼的女子变得如此虚弱，梁思成的心如在热水中熬煮一般。他握紧手中的电报，那是来自家里的电报，上面只有六个字："母病危重，速归。"

林徽因终于醒来了，窗外的阳光让她有些恍惚，床头飘来的花香让她不由得将头转了过去。梁思成见她醒了，终于松了一口气，在他满是血丝的眼睛里，林徽因又一次感受到了他的爱，那默默无语的爱。

虽然家中催促得很急切，梁思成还是决定陪在林徽因身边，照顾她直到她身体康复，这个决定使他没有见到母亲的最后一面。但是，他并不后悔，将要陪伴自己一生的女人就是身边的这个女子，既然如此，他又有什么理由不去照顾她，让她在自己身边过得好一些呢？这样想着，他决定遵守和林徽因的承诺，一起去宾夕法尼亚大学学习建筑。

去大学报名的时间到了。宾夕法尼亚大学的建筑系非常出名，一想到马上就能在自己心仪的学校里学习梦寐以求的建筑专业，林徽因的心情十分激动，却不曾想，就在她满怀欣喜地前去办理入学手续时，一盆突如其来的冷水浇灭了她的美梦。

1924年秋天，林徽因、梁思成和陈植一起来到宾夕法尼亚大学报名，学校的负责人却只为梁思成和陈植办理了入学手续。负责人告诉林徽因，建筑系的学生课业非常辛苦，对于他们而言，彻夜不眠地绘图是家常便饭，有时，甚至几天几夜都不能回家。无论是一个男生，或是一群男生，几天几夜留在画室都不算什么，可如果这群人里有一个女生，那便多有不便了。正是为了避免这种不便，所以这所学校的建筑系从来不招收女生。

漂洋过海来到这里，为的便是能够学到最权威的建筑课程，得到专业人士的指点，然而负责人只动了动嘴唇，就将她拒之门外，这让一心想要学习建筑的林徽因如何能够甘心？她从其他学生那里得知，美术系的学生可以选修建筑系的一些主要课程，于是，她立即报了宾夕法尼亚大学的美术系。

那个灵动的女子，就这样开始了美术系的学习生涯。从此，美国宾夕法尼亚大学的校园里，多了一位身着浅色中式上衣、深色裙子的美丽的东方姑娘。

林徽因爱着建筑，却从未真正接触过绘画的知识和技巧，进入美术系后，一切对她而言都是新鲜的、陌生的，一切都要从零开始。而当她将画笔握在手中，轻轻地将笔尖触在画纸上，然后缓缓地移动手臂时，她有一种从未有过的感觉，一种想要创作的欲望从心中流淌出来，传到她的指尖。她的老师看到她的画后非常惊讶，对她赞赏有加，并称自己从来没有见过像她这般天生带有艺术气质的学生。

老师的夸奖让她喜悦，可这喜悦却不足以填补她内心的那片空白。开学后，梁思成的课业很忙，常常一头扎进课业里不出来，自然抽不出太多时间陪伴林徽因。林徽因是理解他的，她同样有许多功课要做，可是再繁重的课业、再枯燥的训练，都压制不了她的孤独，她开始思念家乡的亲人和朋友，思念那个无论走到哪里，都感到熟悉亲切的地方。

人生的漫漫黑夜

身在异乡为异客，孤独时分倍思亲。林徽因想家了，她越发想知道家中的情况，想知道父亲和母亲的身体是否康健，想知道那些一同玩耍一同成长的堂姐妹们生活得如何。她时常给父亲写信，向父亲讲述她在大学中遇到的事情，讲述她的学业，讲述她遇到的同学，当然，少不了告知父亲自己和梁思成的近况。每每收到父亲的回信，她都感到格外亲切，将信捧在手中看过一遍又一遍。她知道，无论何时，家人都是她的寄托和依靠，即便她出嫁了，她也仍然是那个被全家人视如珍宝的林家小姐。

有时，林长民也会主动给林徽因写信，打听她的近况，并嘱咐她一些事情。不知为什么，距离上一次通信已经有很长一段时间了，林长民却始终没有书信寄来。思乡心切，林徽因又一次拿起笔，给父亲写了一封信，寄了出去，然后静静地等待父亲的回信。然而，父亲的信却迟迟都没有到来。她的心情由平静转为焦急和不安。每一天，她都会催促梁思成去取信，而每一次，梁思成都是空手而归。

父亲在哪里？难道出了什么事情？日子一天天过去，林徽因的心中越来越不安，开始的几天，她还可以安慰自己，或许父亲只是过于忙碌，无暇回复自己的书信，可是时间一久，她心中那个安慰自己的声音便越来越弱了，最后几乎听不见了。

她曾听梁思成提起，父亲去了奉军郭松龄部做幕僚，从那时起，她便对父亲多了几分担心。那是怎样的乱世，林长民的朋友们曾劝他不要涉身其中，梁启超也曾劝过这位未来的亲家，多顾及一些自己的安危，否则怎能让远在大洋彼岸的女儿心安。林长民却并没有听从朋友们的劝说，一贯倔强的他最后还是入了幕府，之后，便少有音信了。

关于那边的消息，大多是梁启超发信告知的。而他那些关于好友下落的消息，也都只来自于国内的报纸。林徽因的心一点点沉了下去，敏感的她已经觉察出一些不对，却不敢再想下去。更何况，她自小就感受到了父亲心中存有的远大抱负，若是他想要做成什么事，哪怕失去自己的生命，也会在所不惜。

自幼年起，林徽因对林长民一直是崇敬的。虽然因为母亲的事情，她对父亲多少有一些不悦，但她深知父亲真心疼她。在她长大后，她更加理解了父亲为何会对母亲冷漠，那点不悦便更加微不足道了。

林徽因对父亲的感情，梁启超自然是知道的，所以他才会格外小心，生怕噩耗来得太猛烈，让这朵莲花在一夜之间凋零憔悴。得知好友遇难的消息后，他一直思量着应该如何告诉林徽因。虽然未曾看着她长大，但在他心中，已将她视为自己的孩子，更何况她已经许配给了自己的儿子，更是自家人。他一直很喜欢林徽因，喜欢她的懂事和聪慧，既然无法隐瞒她，不如就告诉她实情，只是要用什么样的方式，才能让这个孩子不至于受到太大的伤害和打击，他却一直想不出，只得先向梁思成透露一些信息。

在写给梁思成的信中，梁启超再三叮嘱他，要镇静，照顾好林徽因，好好开解她、陪伴她，同时也照顾好自己。父亲心中挂念的事，梁思成自然是知道的，虽然他平日过于钻研学业，却也不是一个完全不近人情的书呆子。当林徽因得到父亲已经身故的确切消息后，悲痛万分，昏倒在地时，是他悉心地照顾着这个平日看似坚强，其实内心柔软的女子，烧好鸡汤，小心地喂无心进食的她吃下。

在没有确切消息时，梁家人与林家人虽然已经预感到不祥，可还多少存有一些侥幸心理，希望林长民能够从混乱中脱身，回到家中，与家人团聚。而当确切的消息传来之后，所有人的心都在瞬间变得冰冷了。

最痛的伤痛不是疼痛入骨，而是痛到麻木。伤到极致时，血液仿佛凝固了，浑身都是冰冷的。呼吸仿佛被扼住了，整间屋子都是安静的。巨大的悲痛让所有人的心跳都几乎快要停止了，整个林宅里瞬间充满了悲伤，许久之后，才有响亮的哭声迸发出来。

知子莫若母，林徽因的母亲想到林徽因心思细腻，怕是受不起这样的打击，便托梁启超告诉林徽因不需要急着回国，只要自己保重便可。果然，在得知父亲去世的消息后，林徽因第一时间昏了过去，幸好梁思成一直陪伴在她身边，否则，她这一倒下，非个把月不能恢复。

人间最痛的生死别离，是看着最在乎的人在自己面前咽下最后一口气。而人间最无奈的生死别离，则是见不到那个人最后一面，甚至是在那人已经离世多日后方才知晓。信上白纸黑字写得清楚：“（一）系中流弹而死，死时当无大痛苦。（二）遗骸已被焚烧，无从运回了。”如今，林长民连骸骨都不复存在，便是家人想要安葬、想要祭奠，也无从入手了。

林徽因的叔叔为她邮来的报纸上，刊登着林长民遇难事件的经过：林长民奉命参加反奉战争，途遇日本武力的阻碍，队伍中又出现了叛徒，导致队伍不得不退进一座小村。敌人人多火力足，一颗流弹击中了林长民，夺去了他的生命。可是，即使知道了经过又能如何？昔人已乘黄鹤去，即便真的可以追究，可以查到主要的责任人，又有什么意义呢？

自小出生于官宦之家，不曾经历风雨，不曾经历打击，不曾见过人世的无常，不曾接触过生离和死别。那童年里虽然也有些许不愉快、些许忧伤，但终究是平静的、安然的，那个算不得完美的家庭，毕竟还是完整的。在那样的童年里，林徽因如同一朵备受呵护的花朵，安静地生长。

林长民的离去让家里的天空突然坍塌了，家中除了柔弱的妇女，便是未成年的孩子。在那个年代，一个家庭里一旦没有了成年的男人，就等于没有了支撑这个家的力量，日后的生计都将出现问题。林徽因明白，命运给了自己一个考验，或者自暴自弃，就此被打垮；或者勇敢一些，承受起家庭的责任。她选择了后者。

从此之后，她不再是锦衣玉食的林家大小姐，她要成为这个家庭的支撑，照顾母亲，带好弟弟妹妹。想到这些，她便不顾母亲的叮嘱，急着要回国。只是，她的身体过于虚弱，无法承受长途的旅行，若是回到家中病得更重，反而会给家里添上许多麻烦。梁启超也列出了许多合理的理由劝阻她，最后，她被说服了，同意留在美国休养身体。

刚刚失去父亲的那段日子是林徽因人生中最黑暗的日子，她看不到前方的路，看不见头顶的天，她明白自己必须振作，不可以倒下。可是，她毕竟只是一名柔弱的女子，她也会脆弱，也会疲惫，也会无力。当她在黑暗中摸索着硬撑时，一双手牵住了她的手，那是一双有力的手，厚重，结实，让她一下子感受到了无比的温暖。

在她要摔倒的时候，是这双手扶住了她；在她要攀爬的时候，是这双手从上方拉住了她；在她一个人摸索着寻找出口时，是这双手带她走出迷雾，来到温暖的家中。她醒来，看到一直陪在身边的梁思成，更加确定，这个男人将会是自己一生的依靠。

相比之下，那些寂寞又算得了什么呢？此时的痛，在她的心中深深地印下了，也在他的心中深深地印下了。梁思成暂时放下了身边的一切，不仅因为父亲来信中叮嘱他要好好照顾林徽因，更因为在他心里，已然确定了这个女子是自己一生的爱人，为了她，暂时放弃其他又有何不可？他在她身边悉心地照顾她、安慰她，像夜路里微亮的门灯，像寒冬里温暖的壁炉。一向坚强独立的林徽因从未发现，自己竟然也可以如此依赖一个男人，如此信任一个男人。

曾经的冷落、寂寞，全都烟消云散了。她不再去计较他因钻研学业而忽略了自己，不再去介意他不肯参加她的同学聚会，害她只得“身在曹营心在汉”，不再因他不顾自己的感受和想法而失落。她明白了，他其实是关心她的、在意她的，否则，他便不会在不能陪伴她出游时流露出深深的歉意，便不会在她最需要人陪的时候放弃其他，只守在她身边。

在梁思成的关怀下，林徽因渐渐恢复了，继续着日常的学习和生活，只是，那个最为活泼开朗、最受大家喜欢的林徽因不见了。她开始将所有时间投入到学习中，似乎只有学习，才能让她暂时从失去父亲的悲痛中走出来。她的眼中多了些许忧郁、多了些许深沉，让人一看就心疼，而她自己却丝毫不介意。她要的，不仅是当下的疼痛能轻一些，还要形成未来的计划。

一个女人，无论有多么强大的内心，都是需要有人疼、有人爱的。生活中，需要的除了这些，还有什么呢？既然这个人全都给了她，那么她还有什么其他可奢求的吗？何况，生命如此脆弱，此时的拥有，不知何时何故便会突然间消失不见，既然如此，有什么理由不去珍惜？

对此时的林徽因而言，梁思成是她生命中最重要的男人，这一生，有这一人，足矣。她决定，今后的路，只与他同行。

第四章

红袖添香：

爱是崇高的语言

是爱，是暖

草黄了又绿，绿了又黄，花谢了又开，开了又谢。宾夕法尼亚大学的校园里，一支并蒂莲正开得美丽，开过了春，开过了夏，开过了秋，开过了冬，经历过分歧，经历过默契，经历过苦痛，经历过幸福。冷暖交替之中，苦涩与甘甜交织之间，两朵花的根茎已经生长在一起，再也不分你我，心与心的交流让它们更加读懂了对方的心思。它们感受着对方的欢喜和悲伤，为对方的欢欣而欢欣，为对方的苦恼而苦恼。它们相互扶持，在对方最需要力量的时候给予对方最恰当的支持。它们共同生长着，为了共同的明天、共同的未来、共同的家园。

从丧父之痛中走出来之后，林徽因继续着她的学业。她得知父亲不在后，二娘带着庶出的弟弟妹妹们回了老家，家中只剩下母亲，从此，母亲的一切生活来源全要依赖自己，以及自己身边的这个男人。她从不担心那个人会怠慢她的母亲，或者不悦于她对母亲的照顾，相处了这么久的时间，二人无论从生活上，或是学业上，或是事业上，都已经融在了一起，如同后天生成的并蒂莲。他必然会将自己的事情当作他的事情，把自己的母亲当作他的母亲。

林徽因减少了与同学出游的机会，时常一人伏在一张靠窗的绘图桌上，认真地绘制着她的作业。窗外传来其他学生们的欢笑声、鸟儿的鸣叫声，她都置若罔闻。阳光从窗外照射进来，在桌上投下了她清瘦的身影。他们快乐地生活着，没有压力，没有负担，她则不同。偶尔，累了，她抬起头，转动已经僵硬了的脖子，望一望活力十足的校园，片刻的休息之后，又是长时间的绘图。

她的想象力总是那么丰富，一如她在文学创作中所展现出的与众不同，她所绘制的草图也总是天马行空。在她的脑海中，不同的创意总会如春季里山间的泉水般不断向外涌，她总是能够快速画出一张草图，却久久不能将它完善。听取了同学们的建议，她一次又一次地修改草图，却一次又一次将它否定。哪怕其他人认为那图看上去已经很美，她也仍会将它丢弃。她不要这些，她想要的，只是她真正想要表达出来的东西。

递交作业的期限将至，她却还在犹豫，还在思考，这让她有点焦急。但无论如何，她都不想将一张自己都不满意的作品交上去。梁思成看到她专注于设计的样子，竟然别有一种风情，一种不同于平日清风淡雅的坚定的风情。他走上前，拿过她设计的草图看了一会儿，然后放下，动手在上面加工起来。

林徽因注视着梁思成，看到自己那零散的思绪成为他笔下真切的图画，她感到了震撼。并非不了解梁思成的绘画功底，也并非不曾见过他专心绘图的样子，那打动了她内心的，是那幅在她脑海中浮现过多次，却始终不成形的建筑图。她更加确信，梁思成懂她，也只有他，才能将她头脑中的东西如此完美地呈现于纸上。

在学校时，林徽因的许多作品都是梁思成与她共同的结晶。当她的作业在班级中取得了第一名的成绩，并被老师当作典范挂在判分室的墙壁上时，她心中是喜悦的。那是一份至高的奖赏，也是一份认可，她知道，所有的同学都对她钦佩不已，大家都为这个中国姑娘能够设计出如此大气的作品而感到震惊。一次，两次，三次……当她的作品不知多少次被挂上那面墙壁的时候，她的名字已经在校园中流传开了。

每当她走在校园中，都会有一些学生用欣赏的眼光看着她。面对大家的称赞，她轻轻一笑，欣然接受了大家的好意和鼓励，然后一如既往地淡然继续行走在校园之中。她并不曾因自己的优秀而感到骄傲，也从不向人提及自己有多么优秀。在她心中，能够创作出优秀的作品是一件再自然不过的事情，也是一件再平常不过的事情。

学业在继续，感情在升温。课余时间仍是有的，有时，他们会去附近的集市逛上一圈当作放松。林徽因最喜欢那里的油炸燕麦包，黎巴嫩香肠和瑞士干奶酪则是梁思成的最爱。有时，他们也会去校外散步，去感受一下大自然、小镇和村落的气息。

梁思成与林徽因虽有婚约，在美国那样开放的、提倡自由恋爱的国度里，他们却都是自由的。无疑，林徽因的美貌与才情让她赢得了许多同学的爱慕，有美国学生，有中国留学生，也有其他国家的留学生。而面对那些家境殷实、门第出众的留学生，面对那些金发碧眼、样貌英俊的外国学生，她的心从未动摇过。她深知，无论是家境，或是样貌，梁思成均不及一些追求者，然而，她却认定，梁思成虽然不是最好的，却是最适合她的。

在性格上，他们有很大的反差，一个活泼，一个刻板；一个喜欢与人相处，一个严肃不善交际；一个乐于表现自己，一个喜欢内敛低调……因此，他们也发生过不少的争执，特别是对于她从不介意身边有众多的追求者这件事，极少发怒的梁思成竟然恼火了。然而风波过后，他们的感情变得更加牢固，并且相处得更加融洽了。他们那些不相似的性格，竟然恰到好处地弥补了对方的不足。

林徽因曾说自己是一个容易兴奋的人，遇到一些自己心爱之物之事，她总是控制不住自己的喜悦和激动，而梁思成却一直是沉稳的，这沉稳与林徽因的容易兴奋碰撞在一起，便刚好中和成了最佳的频率。正如他们能够共同创作出优秀的作业一般，他们在生活上也日渐进入佳境。

1927年3月，他们迎来了在宾夕法尼亚大学的最后一个春天，也迎来了一位他们共同的老朋友——胡适。胡适此行是来演讲的，一见到林徽因，他便感到了林徽因的变化，她已经不再是当初那个稚气未脱的小姑娘了，她的眼中虽然仍有些闪亮的灵光，却也多了一些成熟女性的阅历。林徽因称，这是她从理想主义阶段蜕变到了现实主义阶段的缘故。

故友重逢，胡适无意间提起林长民的事情。虽然事情已经过去很久了，再次提及时，林徽因的眼中还是忍不住泛起泪光。林长民离世后，梁启超立刻兑现了自己的承诺，待林徽因如自己的亲生女儿一般，她之后的学费也一直是由梁家承担的。她也已然将自己当成了梁家的人，虽然自己要成为梁家人还差一步，那最后的一步。

见自己勾起了林徽因的伤心事，胡适连忙转了话题，开始讲述林徽因出国后，国内发生的一些事情，这其中，便有徐志摩的婚事。

那是一场令所有人都大跌眼镜的婚事，新娘是陆小曼，他一位好友曾经的妻子。徐志摩与陆小曼的恋爱来得太突然，也很必然。从1924年他们相恋，到1926年他们结婚，长达两年的时间里，他们承受了太多的压力，来自朋友的、来自社会的、来自各自家庭的。压力并没有阻止他们的爱情，他们最后还是在一起了，并带着这份压力生活了下去。

对于徐家人而言，这样的儿媳、这样的婚礼都是他们无法接受的。之前，徐志摩因为林徽因与张幼仪离婚，可林徽因毕竟是名门大户家的小姐，所以徐家虽然气愤，却并没有过分干涉他，并想若是这两个孩子真能走到一起，也不算太坏。谁也没有想到，徐志摩竟然会爱上一位有夫之妇，鼓励她离婚，然后与她结婚。

听闻徐志摩再婚，林徽因的心中竟然没有一丝不悦，也没有一丝嫉妒，有的只是担忧和同情。她能想象得到，像徐志摩那般为了情感而活的人，面对家庭的反对会有多么激烈的反应，也能想象得到，他对遵从家人的那些条件有多么无可奈何。徐家给徐志摩开出的条件只有两条，其一是请梁启超证婚，并请胡适做介绍人；其二是婚后甚至婚礼的费用，徐家一概不负责。这两条对徐志摩而言都是十分为难的。

在胡适的劝说下，梁启超极不情愿地担任了证婚人，但他并没有送上任何的祝贺，反而在婚礼上怒叱了自己的学生徐志摩，令在座所有的嘉宾面面相觑，也令台上的一对新人尴尬万分。但最后，婚还是结了，礼还是成了。陆小曼成了徐志摩名正言顺的妻子。

徐志摩的婚礼令梁思成和林徽因心中都起了一些念头。林长民在世时，曾极力催促他们结婚，而梁启超则认为，孩子们接触时间还不多，应该让他们慢慢相处，无须着急。梁思成本人也是这样认为的，他希望自己能够在学业有成之后再谈及婚事，也希望林徽因能够与自己多熟悉一些。如今，两人已经相处得默契而自然，学业也就快要完成，故乡好友结婚的消息让他们心里都不由得一动，他们的婚事或许也不应该再拖下去了。

6月9日，林徽因生日的前夜，梁思成将一面亲手制作的铜镜交到她手中。一块圆形的玻璃镜面镶嵌在铜镜的一面，两个飞天的浮雕刻于铜镜的另一面。铜镜很精致，无论是飞天周围的花纹，还是铜镜的质地，都可以以假乱真了。唯独镜背上刻着的一行小字，暴露了这枚铜镜的真实来历。这亲手制作的生日礼物让林徽因爱不释手，她能体会到梁思成的用心。是啊，他的用心，早在她生病时，在她父亲去世之时，在那些细小的生活细节里，她就已经感受到了。

于是，第二年春暖花开，梁家提出要为他们举办婚礼之时，他们二人都欣然接受了。

长长的答案

三月里的渥太华，没有扬州的细柳，没有北京的梧桐，有的是一大片葱郁的针叶林。那温润的来自太平洋的风穿过林间，拨动树上的针叶，地上的光影仿佛波浪起浮。清新的空气在风中流动，沁人心脾。明媚的阳光在云间穿梭，略带娇羞。

1928年3月21日，当最后一缕晚霞即将褪去，整个渥太华即将沉浸在宁静的夜色中时，一间古老的教堂中突然响起了悠扬的管风琴声。此日，此时，此刻，一场隆重的婚礼正在教堂中举办，那是一对幸福的新人，他们一起漂洋过海，一起远渡重洋。他们有着相同的期待、相同的梦想。他们曾陪伴着彼此，度过了一个又一个艰难的日子，最终，他们牵起了彼此的手，将自己的未来交付于对方手中，从此，你中有我，我中有你，两人再也不会分离。

悠扬的音乐，温馨的烛光，满室的祝福。多少女子梦寐以求这样的婚礼，并不需要多么豪华气派，只要能够牵着自己心爱人的手，感受到他对自己的关怀和珍视，其他的那些，便都变得不重要了。若是此时，还能够得到亲朋好友的祝福，那幸福就会加倍。

当与最爱的人携手缓缓行走在红毯上，一步，一步，迈向前方的礼台，当身边围绕着羡慕的目光、鲜花和掌声，有哪个女孩子的心还会静如止水？那是多么幸福的时刻，一生中最期待的时刻。那饱含幸福的神情，让人一看便会融化。教堂里，满是浓浓的爱、浓浓的情。那并不长的红毯上，迈出的每一步都寓意着他们离永恒的幸福又近了一些。

此时，新娘和新郎挽着彼此的手臂，在音乐声中缓缓走入教堂，新娘身上穿的不是婚纱，而是她亲手缝制的礼服，领口和袖口上的彩色花边，像是从天边落下的一缕彩霞，将她的面色衬托得更加红润。她的头上戴着一顶嵌了珠子的头饰，头饰的两侧，两条彩色的绸缎自然地垂下来，落在她的肩膀，好似从天而落的虹。

那一身黑色西装的新郎，目光直视着前方，每一步都走得谨慎而庄重。他知道，今天过后，自己最心爱的女人将成为自己的合法妻子，一想到能够与她携手度过每一天，他的心里就充满了幸福。

这与众不同的婚礼属于梁思成与林徽因。他们将婚礼定在这一天，是为了纪念一位中国古代伟大的建筑大师李诫。李诫生活在宋朝年间，在他编纂的《营造法式》一书中，他绘制了许多精美绝伦的建筑样式，从选材到实践，从结构到花纹，无一不用尽了心思。几千年前的3月21日，中国的土地上树起了一座为李诚而立的墓碑。在林徽因和梁思成的心中，这位大师的地位无人能及。同样热爱建筑的他们，便选定了这一天作为他们的结婚纪念日。

几经磨合，几经辗转，两股泉水终于汇入了相同的入海口。在他们的前方，是宽广无垠的大海，是看不到边际的未来，然而他们却不会再感到孤单，不会再感到犹豫，只因，那是属于他们的天地。在写给家人的信中，他们将自己的想法一一表明，这令梁启超喜出望外，他期待这一天已经很久，如今，自己希望的事情终于成真了。

关于婚礼，孩子有他们自己的打算，可是作为父亲，他也有他的决定。对于梁家而言，不订婚便结婚是不合规矩的，虽然之前他早已经与林长民约定好，可那毕竟只是口头约定，不够庄重、不够正式，若是贸然娶了林家的姑娘，那便是不尊重了。梁启超有心在婚礼前举办一场隆重的订婚仪式，一来表达梁家对未来儿媳的重视，二来安抚好友的在天之灵。可是两个孩子都在国外，一时间无法回国，这订婚仪式要如何举办呢？

考虑再三，梁启超决定，无论孩子们能不能回来，仪式一定要办，还要办得体面、办得风光。他请人为两个孩子看了“八字”，然后根据“八字”的提示选择了时间和信物——一红一绿两块价值不菲的玉佩和一对未曾雕刻的玉印。为了仪式更圆满，梁启超还特意写了一份祭告祖先的帖子，从国内邮寄给梁思成，嘱咐他一定要收好。而那两份信物，考虑到长途运送可能会有闪失，便先由两家家长代为保管。

为了孩子，身体再劳累，心里都甘之如饴，这是每一位为人父母的人都会有的感受。当头脑中的结婚流程变成黑色的墨字现于白纸之上，当所有必备的物件都已准备齐全时，梁启超的体力和精力都已接近透支，可再多的疲惫都不能掩盖他的兴奋和喜悦。“……这几天为你们的聘礼，我精神上非常愉快。你想从抱在怀里的“小不点点”（是经过千灾百难的）一个孩子长到成人，品行学问都还算有出息，眼看着就要缔结美满的婚姻，而且不久就要返国，回到我的怀里，如何不高兴呢？今天北京家里典礼极庄严热闹，天津也相当地小小点缀，我和弟弟妹妹们极快乐地玩了半天。想起你妈妈不能小待数年，看见今日，不免起些伤感，但她脱离尘恼，在彼岸上一定是含笑的……”梁启超在信中这样写道。

遗憾的是，梁启超还是累倒了，他只得将所有流程托付给梁思成的二叔，由他代为主持。而国外的婚礼，则交给大女儿梁思顺负责。

最初，梁思顺是最反对他们在一起的人，她对林徽因有太多不满意，也曾多次写信给梁思成，言辞之间透着极大的不满和强烈的排斥之情。梁思成既不想与大姐起冲突，又不能放弃林徽因，左右为难。没想到，大姐后来竟然改变了对林徽因的看法，并且成了他们的证婚人。这不但让他心安，也让远在家中的梁启超松了口气。

1927年末，在梁家举办了梁思成与林徽因的订婚仪式。那一天，所有亲朋好友都来到了梁家，用最真诚的心祝福了这一对新人，仪式的隆重、场面的盛大庄严，让人忽略了当事人不在场的遗憾。

几个月后，大洋彼岸的婚礼现场，梁思顺和丈夫陪着林徽因和梁思成走到了新郎和新娘应该站的位置，然后站到了一边。梁思顺的丈夫是渥太华领事馆的领事，于是，他们夫妻成了唯一出席这场婚礼的新人亲属。

一位慈祥而严肃的牧师正站在礼台上等待着他们。他主持过许多场婚礼，却第一次见到这样装扮的新娘，她浑身散发的东方气息向人们宣告着，无论她在哪里举办婚礼，无论她走到何地，她都有着一颗中国心。

温馨而庄严的气氛笼罩在教堂中，牧师用深沉的声音向他们讲述着婚姻的目的，自此时此刻起，他们将经过上帝的允许，结为合法的夫妻。从此，他们必须用最真的爱对待彼此，用最真的心对待他们许下的每一句誓言。若是违背，则是对上帝的不敬。

"你是否愿意娶这位姑娘，让她成为你正式的妻子，爱她并珍惜她，无论贫富或疾病，至死不渝？"牧师用深邃的目光望着梁思成，那眼神似乎能够看进他的内心。

"是的，我愿意。"梁思成的回答干脆利落，没有半点犹豫和心虚。

牧师又转向林徽因，问了她同样的问题，得到的答复也是同样的。没有任何的修饰，平实而简单的语言，却像是有着魔力一般，令在座的所有人都动容了。最动容的，应数梁思顺。亲自见证了自己最疼爱的弟弟找到了最适合他的那个人，有了属于自己的家庭，怎么不幸福？林徽因落落大方，温柔却不软弱，妩媚却不娇艳，聪慧却不高傲，和弟弟站在一起，便是一对璧人。有她陪伴在弟弟身边，弟弟今后的生活自然会幸福。想到这里，她也不由得佩服起父亲的眼光来，也对自己曾有过的激烈反对的态度有了些歉意。

林徽因的左手被梁思成轻轻牵起，一枚镶嵌着蓝宝石的戒指套上了她的无名指，她的眼中闪着泪光，是激动的泪光，是幸福的泪光。之前那颗激动得快要跳出胸口的心，突然间安定了，稳稳地落回了它应该待着的地方。当一片轻柔的吻落在她的唇上时，她感受到了从未有过的轻松。

承诺已许，仪式已成，教堂上空飘起了美丽的花瓣雨。新人离开了教堂，其他人也随之离开了教堂，前往摆设了婚宴的地方。婚宴设在中国领事馆，这是林徽因和梁思成共同商量好的。客人不算多，都是他们在国外结识的好友，他们端起酒杯，一桌又一桌地敬过去，接受朋友们的祝福。

多年的爱情长跑终于有了结果，但这结果并不是终点，而是他们幸福生活的新的起点。他们拥有了彼此的爱，也拥有了彼此的心，未来的路很长，他们牵了手，便要一辈子同行。

游历欧洲古建筑

并非只有倦鸟才会思巢，任何一位身在异乡的游子，无论他在流浪，还是拥有令人羡慕的地位和工作，无论他贫穷或是富有，重病缠身或是健康硬朗，都会思念自己的家乡，时刻想要回到那个自己生长多年的地方。

在毕业前，他们也曾有过犹豫，是留下来继续深造，还是回国？一家美国知名的建筑事务所早已向他们发出过邀请，允诺他们一旦接受邀请，便会有丰厚的薪酬和良好的环境。然而，梁思成既对这份工作的创造性有着担忧，也对回到祖国之后将要面临的情况有着担忧，这样矛盾的感情让他一直犹豫不决，迟迟做不了决定。直到他收到了父亲从国内寄来的《营造法式》，才坚定了回国从事研究的决心。

浪漫而甜蜜的婚礼结束后，这对新人准备回到祖国，而在回国之前，他们准备游历一下欧洲各国，那是梁启超的安排，也是他们二人的心愿。

鸟儿不曾飞出金丝笼，便不会知道天有多高；鱼儿不曾游出玻璃樽，便不会知道海有多广；鹿儿不曾跑出围栏，便不会知道草原有多辽阔。停留在自己的小小世界中，便只能感受得到身边那近在咫尺的微小，看不到远处那无边无际的博大，小窝为创造者提供了安定，却也遮挡了他们的眼光，束缚了他们的思想。

第一次与父亲远赴欧洲，她从好友那里得知了有关建筑的事情，见过了许多精美的欧式建筑后，她的心，便彻底被这些人工雕琢的巨大艺术品所征服了。她在那些建筑中见到了她梦中的世界，那一个由灵性和天赋、感受和实践搭建起来的世界。它们散发着光芒，仿佛有着独特的灵魂。艺术和现实，就在那些建筑中被诠释得淋漓尽致。

若不是梁启超为他们安排好了欧洲的行程，她也一定会再去那里，去看那更多的人造奇观，去感受那更多的人间智慧的结晶。而此次，心爱的人在身边，喜爱的事物在眼前，还未动身，她便相信这会是一场愉悦的旅行。

作为一个父亲，梁启超无时无刻不在挂牵着儿子的平安，早些年间的意外令梁思成的身体变得格外脆弱，梁启超便时时担心他的身体有恙，而当梁思成与林徽因前往欧洲时，他又开始担心起他们的安全来。他不允许他们为了节省费用，从莫斯科转乘火车回家，并在信中一一列举了他希望他们参观的地方和行走的路线。

信中并没有提及英国伦敦，林徽因和梁思成却将这里作为了欧洲之行的第一站。当他们站在圣保罗大教堂面前时，林徽因想起了少女时代的自己。旧地重游，往事历历在目：那一头乌黑的长发编成两条长长的辫子，自然地垂在两肩。一身传统的衣衫和裙子，将她那娇小的身材衬托得更加精致。而此时，泰晤士河中的倒影，盘起的头发、熨帖的衣衫、庄重的颜色，无一不表露着她已经是一位成熟的少妇了。

时间过去了，岁月没有在她的脸上留下痕迹，却带走了她眼中的稚气和天真。时间在改变，人也在改变，唯一不变的，是那座雄伟神秘的大教堂，它就这样静静地伫立在河边，看着河水从朝至夕地流淌，看着白云来了又去，任由不同的人们在它的胸膛中穿行。两岸的树木倒映在河里，为河水增添了一些颜色。那两岸回荡的钟声，向人们讲述着这里的历史，无关风月。这样的情景让她想起歌德的一首诗，诗中写道："它似一棵葱郁的树，上帝将它栽种在这里，令它生根发芽，成千上万的枝干向四周延伸，那一片片叶，好像海中的沙。它的每一处细节，都好似经过了精心地裁剪，看起来那样完整，感觉上那么适合。它在向人们诉说着上帝的恩荣，用它坚实的身体，以及在太空中遨游的灵魂。每一丝，一缕，都那样纤细，却能永远坚韧，不会凋零。"

林徽因平静地欣赏，回忆，梁思成却在充满了新奇地观察、研究。对他而言，这是一座陌生的建筑，即便曾在书籍和杂志上见过它的照片，却怎么都不如亲自欣赏它这种感受来得直接、来得震撼。他被设计者的精妙思想所折服，也对设计者能够达到的境界产生了向往。虽然只是第一次来到这里，他却产生了与林徽因相似的感受，他将这里视为上帝赐予人间的礼物。

爱总会让人心有灵犀，心有灵犀总会让人更加相爱。在这个国度里，他们的灵魂交织在一起，彼此体会着对方的心意，交流着自己的心意。在相爱的两个人面前，言语变得多余，他们甚至不需要言语，就能感受得到，那发自内心的、不断涌出的情感，那头脑中连绵不绝的思绪。他们对建筑的理解在不断加深，对彼此的感情也在不断加深。这过程，像是油灯里渐渐被浸透的棉芯，不知不觉中，柔柔地、缓缓地，便深入了每一丝纹理。

他们还参观了海德公园的水晶宫。那晶莹剔透的玻璃透着脆弱，那钢筋铁骨的构架却又透着坚强。入夜，宫内灯火通明，使整个水晶宫看来仿若一颗深海之中的夜明珠。林徽因陶醉了，她在这座建筑上看到了一种新的精神，看到了美学与建筑学完美的结合，这让她深受启发。

之后的时间里，他们在德国拍下了许多的照片，有爱因斯坦天文台、柏林宫廷剧院、慕尼黑城门、科隆主教堂等。他们将这些美丽的建筑留在了黑胶片上，也留在了他们的心里。他们走过了瑞士，在那诱人的自然风景中沉醉，尽情地享受着大自然带给人类的美好和宁静，身心都感到了无比的轻松。

然后，他们去了巴黎，参观了著名的巴黎圣母院。每到达一处地方，每参观一座建筑，他们的心中都会升起不同的感受，有对建筑本身的，也有对人生、对艺术的。他们将这些感受记在本子上，字里行间都是他们的喜悦、激动、兴奋和沉淀。学校里学到的那些东西，与这些亲自触碰到的、亲自观察到的相比，显得微弱而苍白。

几乎所有的建筑在他们的眼中都充满了生命力，它们是拥有灵魂的存在，不似看起来那么冰冷无情，而是有着浓得化不开的深情，更不要说那些有着人类形体的雕像。梁思成对雕像有着极强的领悟力，他总是将雕塑所要表达的意图与建筑联系在一起，林徽因因此笑他“三句话不离本行”。

有时，他们也会手挽着手在充满浪漫气息的街头漫步，沐浴温暖的阳光。街道两旁有酒吧，有咖啡馆，有餐厅，有朝气蓬勃的大学生，有不修边幅的艺术家，有拥吻在一起的幸福恋人……在国外生活多年的他们早已习惯了国外开放自由的氛围，自然不会因看到这样的情景而脸红，林徽因还不由得感叹道：“多好啊，他们好像只活在此刻的幸福中，为春天，为音乐，为爱……”梁思成转过头，看着自己心爱的妻子，轻轻地将嘴贴近她的耳边，温柔地对她说：“我也觉得非常幸福，那是因为有你，有这一时刻。”

幸福的红晕飞上林徽因的脸颊，与梁思成在一起，他极少说这样动听的话语，更不会隔三岔五作诗一首送给她，可就是那偶尔表露的心迹，偶尔从他口中冒出的动人句子，恰好能够让她的心更加滋润。

坐上前往意大利的火车，看着熟悉的风景一一向身后远去，他们向浪漫之都巴黎作着简单的告别。他们的身边，是彼此熟悉的温度，以及熟悉的坚实和柔软。在安静的车厢里，他们依靠着彼此的肩膀，进入了甜美的梦乡。

火车驶进罗马火车站时，太阳正欲收起它最后一袭华丽的袈裟。落日的余晖为古老的罗马镀上了一层金色，使它看上去更加神秘、更加高贵、更加典雅。

出行前，梁启超曾嘱咐他们，意大利之行可多停留些时日，不必急着离开。等他们到达罗马，才明白父亲的用意。尼亚迪斯喷泉、马修斯·奥尔琉斯圆柱、马尔斯广场的方尖碑、圣彼得教堂、西斯廷教堂……每座建筑都有它自己的风格，却又与其他建筑形成了强烈的统一性。在一位当地热心姑娘的引领下，他们参观了整个罗马所有著名的建筑，那些建筑无一不凸显着浓郁的文艺复兴时期的风格，让他们的心灵受到了巨大的震撼。

虽然有些意犹未尽，可是梁思成在国内的工作即将开始，他们不得不快些回去了。当他们踏上回国的归程时，他们的本子上已经记录了无数对不同建筑的理解和感悟，他们的心无比充实。

脚步停驻

两个人在不同的国家之间穿行，或许会有欣喜，或许会有惊喜，而那欣喜和惊喜却都不是生活的全部。它们是雨后出现的虹，为空荡的天空增添几分色彩，它们是生活中的调味品，为单调的生活增添一些味道。

生命的意义并不仅仅在于短暂的兴奋和喜悦，有人羡慕那些旅行者的洒脱，却看不到他们夜深人静时的空虚；有人羡慕那些人的自由，却看不到他们生活中的窘迫。梁思成和林徽因都不是热衷于旅行的人，欧洲之行，只是他们漫长人生中的一次修炼。四处飘荡的生活并不是他们想要的，周游欧洲的喜悦也并没有冲淡他们心中的那份责任感，当储存在他们行李之中的信息和资料越来越多的时候，他们便开始考虑回国的事情了。

旅途中，他们曾收到过梁启超从国内寄来的信件，信中的一字一句都透着梁启超对他们的惦念。“（我）在康复期中最大的快慰是收到你们的信。我真的希望你能经常告诉我你们在旅行中看到些什么（即使是明信片也好），这样我躺在床上也能旅行了。我尤其希望我的新女儿能写信给我。”这样诚恳的话语，让林徽因和梁思成都感到了一些愧疚。他们深深地感受到梁启超的挂念，也感受到梁启超的身体状况欠佳，回家的心情便更急切了。他们希望可以早些回到家中，寻一份妥当的工作，在父母身边承担为人子女的义务。远在家中的梁启超并不知道孩子们的想法，他心里惦记的，除了孩子们在国外的情况，还有梁思成回国后的工作。先成家，再立业，家已然成了，立业的问题也应该考虑了。

在父母眼中，孩子永远是长不大的，梁启超一直将梁思成看作一个需要自己指导的孩子，却忽略了此时的梁思成已经是一位27岁的成年人了。多年的工作和生活让梁启超养成了事事都要安排妥当的习惯。而四年在国外的独立生活和西方的文化使梁思成习惯了自己做主，在很多事情上，他已经有了自己的主意。

起初，梁启超想让儿子去清华大学教授建筑图案课程，然而清华大学当时还并未开设这门课程，校长虽然顾及梁启超的面子，却也没有直接答应他，只说此事学校还需要召集评议会投票。对于父亲提出的去清华大学任教的提议，梁思成并没有答应，也没有拒绝。回信中，他只讲述了自己在欧洲的见闻，以及与林徽因的近况，至于就业的问题，则只字未提。

儿子的无动于衷让梁启超感到有些泄气。尽管在梁思成的心中，父亲的地位没有丝毫的动摇，仍然是那个让他引以为荣的父亲，可是在梁启超心中，却有道坎却怎么也绕不过去。梁启超在焦急地等待着清华大学的消息，让他无奈的是，梁思成对他的指导并没有作出什么表示，似乎并不在意。而清华大学那边也迟迟没有答复，每次他忍不住厚着脸皮去问，对方的答复都是“再等一等”。

命运的安排，有时很自然，有时很突然。有时，在田野里行走的人想要捕捉一只野兔，野兔没有出现，却遇到了可口的野果；有时，出海打鱼的渔夫想要捕捉肥美的大鱼，大鱼没有出现，却捞上了孕育着珍珠的蚌壳。突然间的一场雨，或许会淋湿新买的衣服，也或许会让谁遇到命中注定的那个人，展开一场罗曼蒂克的爱情故事。在这个世界上，任何事情都有可能发生。

梁思成的一位师兄接到了东北大学的邀请，希望他可以去东北大学新成立的建筑系任教，然而这位师兄已经与一家公司签约，无法前往。于是，他便想起了那位还未回国的优秀的学弟。他将梁思成的情况告诉了东北大学的负责人，成绩优异，课业出众，多次获得学校的奖励……东北大学的负责人听过之后，认为梁思成是位难得的人才，便向他的家中发出了邀请，希望他可以去东北大学任教，还给出了相当可观的月薪——每月265元，对于一名刚刚毕业的学生来说，这样的薪水已经是相当高的了。

邀请书到达梁家时，梁思成还没有回国，梁启超得知了学校开出的条件后，当即替梁思成接受了邀请，然后迫不及待地通知远方的儿子，务必要在开学前回到中国。消息来得太突然，这对还未度完蜜月的新人只好临时更改了行程，由西伯利亚乘坐火车回到了祖国。

哈尔滨，沈阳，大连，天津，北京。一路上，他们的心中有一种说不出的感觉。在国外多年，国内的改变多少让他们感到有些陌生，他们也会担心，担心国内的情形是否能够让他们学以致用，是否能够让他们的事业顺利发展。当浓浓的京味儿回荡在耳边，当他们看到熟悉的紫禁城的屋顶散发着金色的光芒时，他们的心安定了。

回家的路上，拉着洋车的车夫、街头大声吆喝的小贩，都让他们感到特别的亲切。离家太久，他们多想快一些，再快一些回到家中，去看一看思念已久的亲人，去喝一口家里泡的香茶，和家人吃一顿热闹温馨的团圆饭，将旅行拍下的照片一一展示给家里人，并向家人讲述他们这一路上的收获。

路上的匆忙和还没有倒过来的时差让他们十分疲惫，见到久违的儿子一脸憔悴，梁启超极为心疼，急忙命人将他们带去房间休息。他们住的房子经过重新修整，窗明几净，家具都是新的，而这一切都出自于梁思成的庶母。看到有这样一位贤良能干的庶母陪在父亲身边，梁思成之前一直悬在胸口的心稍稍松了一些，然而，梁启超的身体状况还是让他非常担心。此时，梁思成并不知道父亲早在他们结婚的时候便已经查出尿中有血的事情，看到一向健康的父亲身体时好时坏，他想父亲或许是近期因为自己的事情过度劳累，所以才会身体虚弱。想到这里，他心中的内疚又多了几分。

旧时，出嫁后的女子总会有一种孤独感，寄身于婆家，处处小心，时时谨慎，总会担心稍有差错，迎面而来的就是冷冷的目光和怒气冲冲的责骂。哪位女子不希望自己出嫁后，能够与婆家如一家人般相处？多数女子都希望能够放心地将自己交予男方，得来终身的依托。却很少有哪位女子，真的如愿以偿，是以才会有那么多女子，在出嫁之前泣不成声，在入了婆家后步步小心。

林徽因却似未曾担心过这样的事情一般。第一次拜见梁家的亲戚，林徽因举止大方得体、从容自然，让所有人都喜欢极了。所有人都觉得，这姑娘有一种天生的亲切感，也许她本就应该是梁家的人。一家人围坐在一张桌前，一团和气，其乐融融。林徽因再也不孤独了。

回家之后，还有一件必须要做的事，便是去祭拜梁思成的生母。母亲病重时未能在身边尽孝，母亲离世前未能见上最后一面，一直是梁思成心中的一份遗憾，然而他失去了母亲，却收获了一位如此通情达理、才貌兼备的妻子。林徽因深知这一切，她陪着梁思成站在墓碑前，怀着诚恳的心意，深深地鞠上一躬，表达着自己的尊敬。诚然，曾经梁思成的母亲对她的排斥、为难、指责，都让林徽因的心中承受了太大的压力，且她那场大病，也并非与她受到的压力无关，然而故人已逝，那位至死不肯接受自己的夫人就这样永远地沉睡在这里，自己还有什么可以介怀的呢？若是她在天有灵，见到林徽因如此大方得体，对待梁思成如此用心，又对待她如此尊重，她应该也可以含笑接纳了。

墓碑前，林徽因又一次想起了自己的父亲。可怜的父亲没能寻到尸骨，自然也没有下葬之说，更不要说为他立碑刻字，她只能在心中默默地对父亲说："父亲，我现在很幸福，你放心吧。"

梁思成和林徽因的到来让整个梁家都沉浸在喜悦之中，没人注意到，梁启超的身体已经每况愈下，非常不乐观。德国医院的误诊让他错过了最佳的治疗时间，而协和医院的手术更让他的身体彻底崩溃。梁家人只知道他因为过度的操劳需要每隔两三个月接受一次输血，谁都不知道，协和医院的那次手术中，梁启超有病的那只肾并没有被切除，被切除的，其实是他健康的肾。

梁启超自然也是不知道的，他只知道自己的身体状况时好时坏，为了不影响儿子的事业，他将自己的实际情况隐瞒了下来，然后急忙催促儿子动身前往沈阳。

第五章

白山黑水：

青春不只是一场盛宴

黑土地芳踪

茫茫的黑土地上，一抹金色的阳光缓缓升起，渐渐渗入那浓密的山林。白桦树的树叶，在风中刷刷作响。安静的小小村庄里，一缕淡淡的炊烟袅袅升起，沿着小路的方向，远远地飘去，然后消失在阳光里。一间间农舍里，家禽的叫声此起彼伏，如同一支杂乱的交响乐，院子里堆着的，是一摞摞的柴火，圈里住着的，是猪牛羊。那田间低低聚集着的，是土豆，是大豆；高高生长着的，是玉米，是高粱。

坐在飞驰的火车上，梁思成的眼前不断飞过这样的景象。他是一个人去的，林徽因没有和他同行，那边会有怎样的挑战在等待自己，他不知道，但他的眼神是坚定的。他的心中，有着自己的信念，对中国建筑史的文化进行研究的信念，以及这份工作使他萌生的新的信念——要在国内培养出一群和他一样的建筑类人才。

火车在沈阳的火车站台前停下，在东北大学派来的人的引领下，梁思成来到了东北大学建筑系，开始了他的教学生涯。

建筑系是一个新成立的院系，它是由张学良校长开设的、全国第一个专门学习建筑学的院系。1928年秋天，梁思成以这个系的授课教师和第一任系主任的身份进行招生，最后确定了一个班的学生。这是这个系里唯一的一个班，也是全国第一个建筑系班级。工作很忙碌，也很充实，这让梁思成看到了希望，他迫不及待地写信给林徽因，让她快一些来到沈阳，和他团聚，一起开创新的生活。

从杭州到天津，从天津到北京，从北京到沈阳，那朵原本生长在江南的娇弱的莲花几经颠簸，离自己的家乡越来越远了。一方水土养育一方人，一方水土开出一方花。南方的细腻、北方的粗犷，以及在欧洲那些年生活中领略的开放和自主，在林徽因眼中都是再自然不过的事情，她不曾为之烦躁，不曾为之担忧，也不曾为之焦虑。只听闻宰相腹中能撑船，却没有人想得到，这样一位小女子竟然也有如此的包容力和适应力。每逢环境变化，她都淡淡地一笑，将那些不同收入自己的心中。

收到梁思成的信后，林徽因简单收拾了行李，与梁家人作了告别，便只身前往了沈阳。几个月不见梁思成，她心中的想念早已化作一只小鸟，飞到了他的身边。想到即将见到自己的爱人，与他生活在一起，她幸福地笑了。梁思成对林徽因的到来同样是期待的。当林徽因微笑着走进他的公寓，随意而自然地将行李放在房间的一侧时，他顿时感觉到，这里更像一个家了。

林徽因的到来不仅使公寓增添了几分人气，也增添了几分温暖，更增添了几分家的气息。梁思成是一个比较专于注学术的人，对于生活中的情趣并不十分考究。而林徽因则不同，自小在江南成长的她无论走过多少地方，都仍然保持着江南女子的婉约和清秀。已为人妇的她并没有失去小女生的那份灵性和纯粹，反而更添了几分成熟女子的妩媚和柔美。她动手更换了台灯的灯罩，将从家中带来的字画和古代陶瓷一一取出，装点了空白的墙壁和单调的书架。她还买了一盆仙客来，将它放在茶几上，瞬间，整个屋子都被这勃勃的生机点亮了。

安顿好家里，林徽因也很快成了东北大学建筑系的一名老师，教授英语和美术装饰史。授课的过程却不如想象中来得轻松。他们都是初为人师，从未进行过授课的他们一开始就要教授国内从未有过的学科，这对他们夫妇二人而言都是极大的挑战。选择这一科的学生们既不了解建筑系，也不了解建筑学，他们只是一群有着热情、有着朝气的年轻人，一切都需要依靠前辈们的带领。

为了让学生明白自己所学的专业有多么重要，梁思成在开学的第一堂课上告诉学生们，“建筑是一切工程之王”，是人们用来记录文化的艺术品，人们可以从建筑中了解到与它建成那个时期相关的信息。他让所有学生顿时对这门课程产生了强烈的好奇心和兴趣，也让学生们将全部的热情投入到了学习中。

林徽因则在第一堂课上将学生们带出了校门。留学多年的经历让她感受到，在学习建筑学的道路上，与其钻进书本里，苦苦地研究那些文字和图画，不如走到校门外，亲自感受建筑的魅力和灵魂。她将学生们带去了沈阳的故宫，在大清门前，她向学生们讲述了有关八旗制度的传说，并根据八旗制度分析了故宫的建筑设计。学生们被她深深地吸引住了，他们没想到，这样一位年轻的女教师竟然有如此深厚的学识，对中国古代的历史也如此有研究。

看到学生们的兴趣被调动了起来，梁思成和林徽因感到很欣慰，也感到很大的压力。他知道，如果没有适当的课程，学生们的热情总有一天会被熄灭。而那些从国外引进的教材虽然专业性很强，却并不完全适合国内的学生学习。林徽因的想法与他相同，为了能够更好地将知识教给学生们，他们花了很多心思。不上课的时候，他们二人几乎将所有的时间都用来备课，一边准备，一边研究哪些资料可以用，哪些不可以用。有时，他们还会出门寻找一些古建筑，将它们绘制成图稿，用来给学生参考学习。

他们教给学生的，不仅有建筑学知识，还有美学、历史、绘画史等知识。空闲的时候，他们用自己的理解将所有他们已学到的知识综合在一起，然后用最简单生动的方式传授给学生们。学生们听他们二人的课入了迷，他们喜欢看到那位说话如轻风细雨般的“林先生”站在讲台上，一边向他们讲着她在国外见过的各种新奇建筑，一边向他们解释着这些建筑的特点。

她讲述的内容是那么丰富，却又那么连贯，每一次都十分自然地从一样知识过渡到另一样知识，再从另一样知识回到最初的那一样知识。她的语言魅力是惊人的，听她的课，完全感受不到做学问的枯燥和单调，书画、雕塑、音乐、哲学……她都可以信手拈来，将它们融入自己的课程中。这让学生们不得不由衷地佩服。梁思成虽然在语言上不如林徽因生动，却能够用最擅长的绘画将需要讲解的知识生动地呈现在学生们面前，那一幅幅完美精确的剖面图震撼了所有的学生。

东北大学使用的教材都是从英美引进的，实验报告也要求学生们使用英语，这对一些英语水平不够好的学生来说，是件非常头疼的事情。自小接受英式教育，又在外留学多年的林徽因便主动为学生们补习英语。往往到了窗外天色已黑的时候，教室里还灯火通明。她那标准的英式发音让学生们感到非常悦耳，仔细的讲解也让学生们受益匪浅。

在大学里，各种类别的菜肴都有，虽然不如家里做得精致可口，却也都是不错的。所以在饮食方面，林徽因并没有太多的不适应，最让她难以适应的是天气。沈阳的气候相比北京冷得多，秋去冬来，天气越来越冷了，这让从小生活在南方的林徽因有些不适应。刚到10月份，她就感受到了十足的寒意，虽然身上穿了很厚的衣服，可还是总会感觉冷。每逢夜里，坐在桌前备课的时候，她的双手都冷得不听使唤。她不停地向手上哈着气，可是那哈气带来的温度只停留了短短一秒便溜走了。

后来，林徽因学着这里的人的样子，在屋子里支起了一架炉子，每到夜晚，她就把炉子点燃，然后在炉子边备课。

渐渐地，皑皑的白雪将这座城市包裹得严严实实，不留一点缝隙。屋顶上、马路上，到处都是一片洁白。道路上是厚厚的积雪，一脚踩在上面，便留下一个深深的雪坑。孩子们穿上厚厚的棉衣，在雪地里奔跑、打闹，一不小心摔倒了，再爬起来时就变成了一个雪娃娃。天气也越来越冷了，即使屋子里烧着炉子，出门时穿着厚重的衣服，林徽因还是感冒了。

林徽因的身体并不脆弱，只是初到东北，无法适应零下二十几度的天气，而且繁忙的工作让她抽不出太多时间休息，感冒便总是懒懒地缠着她不肯走。她的身体一天天变得虚弱，有时，学生们见到她疲倦的样子，都生出一丝心疼来，可是她却从来不曾因为自己的身体而耽误过学生们一节课。课堂上的林徽因，虽然少了清亮的嗓音，多了一点倦容，但她整个人还是振作的。每当讲到让自己兴奋的话题时，她眼中还是会有亮亮的光闪烁。

寒冷，生病，都没能让这位江南姑娘有丝毫的怨言和委屈，她一直是乐观的，仿佛看透了一切一般。她甚至会将经过他们住所的那些月光下的土匪的马队称之为一种别样的“罗曼蒂克”。当她笑着向好友说起这段经历的时候，她的好友略带担忧且不可思议地望着她，像是望着一朵经历过硝烟，却不曾沾染一丝烟尘的莲花。

一生至痛的时刻

第一学期即将结束，梁思成与林徽因的工作渐入佳境，学生们对他们的喜爱远远超出了他们的预料，这令他们心中更加充满了动力。寒假即将到来，他们正满心欢喜地准备回家，将这份喜悦与家人一同分享，一封电报却如同晴天霹雳一般，让他们一时间没了喜悦的心情，提前向学校请假回了家。

离开北京时，心是期待的；回到北京时，心是焦急的。无心再去欣赏道路两侧的风景，无心再去勾画美好的未来，甚至，连工作也暂时放在了一边。对父亲的担忧将他们的心填得满满的，不留一点缝隙。梁思成和林徽因心急如焚，他们盼着火车能够快一些到达，能够快一点见到躺在医院里的父亲。一路上，他们握着彼此的手，给对方鼓励和支撑，想起电报上说，梁启超病重，已经住进了协和医院，请他们速归，他们的心就难受不已。此时，每一分每一秒对于他们都是煎熬。

火车到站后，他们顾不上回家放下行李，直接去了协和医院。走进医院，上了楼梯，推开病房的门，他们的眼泪差一点就落了下来。仅仅几个月不见，梁启超好像已经变成了另一个人，他虚弱地躺在病床上，面色苍白，眼中没有一丝光泽，连声音几乎也快要发不出来。见到梁思成和林徽因，梁启超的眼中才有了一丝光彩，虽然只是浅浅的一丝，却让整个人都多了一点生气。他想要起身，却使不出一点力气，也说不出一句话，只好用眼神示意他们，他很开心。

梁启超是一个多么倔强、多么坚强的人。住院之前的大多数时间里，他的精神便一直不太好，反复发作的病痛已经消耗掉了他的大部分精力和体力，然而一旦精神有些好转，他便会起身，在病床上赶写《辛稼轩年谱》。家人劝他多休息，可是谁劝都没有用，最后只好由他去了。毕竟，一个人在做自己想要做的事情时，那份满足感也可以使他有更多的力量。对于自己身体的变化，梁启超早有察觉，而为了让孩子们放心，他每次流露出的，都是自己身体健康、无须担心的信息。他一直坚持着，直到自己再也无法起身，只能无奈地躺下，任由家人将他送进了医院。

看着刚过中年的父亲衰老得像一位已过暮年的老人，看着那个时时为自己安排计划的父亲、那个倔强坚强的父亲，竟然已经被病痛折磨成了现在这副样子，梁思成心痛不已。在父亲面前，他却还要假装镇定，不想让父亲看出分毫。林徽因的心也在痛，父亲突然去世后，她的学业一直是梁启超在资助，家中的事情，梁家也帮了不少忙，梁启超一直视她如亲生女儿，而她也早已将他视作自己的家人，用对待自己父亲的心去对待他。

梁启超其他的朋友和学生也来看过他，其中也有徐志摩。虽然梁启超曾写信痛斥过自己，又在自己与陆小曼的婚礼上大声呵斥自己，徐志摩对他却无论如何也恨不起来。他是一个重视感情的人，事情已过去那么久了，他心中的那一点不悦和尴尬也早就散尽了。听说恩师病入膏肓，他特地从上海赶过来，却只能站在门外，看着病房内的恩师默默伤神，眼泪一滴又一滴从他眼中滑落。

没有人愿意接受眼前的这个事实，不能接受那么无私的一个人，竟然只能无奈地躺在病床上，度过自己所剩不多的余生。

医生说，梁启超的病极其罕见，在他之前，全世界只发现过三例，并且无一治愈。医生的话让梁思成的心沉到了谷底，他不愿意相信这个结果，却只能面对这个事实。梁启超的身体已经非常虚弱，无法接受强度或刺激性较大的治疗，医院便对他实施了保守治疗，以延续他的生命。就在所有人都认为梁启超时日无多，只能依靠中药和强心剂维持生命时，他的身体竟然有所好转了。当他能够再次说话的时候，家人都喜出望外，他们以为看到了希望，却没想到这份希望并没有持续多久，便又一次落空了。

失去至亲自然会痛，却不是最痛苦的。最最痛苦的，莫过于眼看自己的至亲病痛难耐，自己却无能为力；莫过于已经在心灰意冷时突然燃起希望，然后希望再迅速熄灭。起起落落间，病人的身体在饱受着煎熬，亲人们的心也在饱受着煎熬。那种从失望到希望，从希望再到失望甚至绝望的痛楚，很少有人能够承受得了。

当1月17日梁启超的病情又一次出现恶化的时候，医生们不得不铤而走险，用碘酒为他杀菌。医生为梁启超实施抢救的时候，所有人的心都悬在了半空中，他们茫然地祈祷着，明知抢救成功的可能性已经不大，却还抱有最后一丝希望。直到抢救结束的第二天，梁启超突然陷入昏迷，他们才肯说服自己：这一次，他真的撑不过去了。

梁启超的病危让梁思成意识到，应该准备后事了，他连忙给二叔梁启勋发了急电，请他火速回京。当二叔带着一双儿女进入病房时，梁启超略微有些清醒了，却还是无法吐出一个字来。他望着儿子和儿媳，几滴眼泪从干涸的眼眶中滚了下来。

梁启超病危的消息很快传遍了北京城，一时间，所有认识他的人都在心中深深地惋惜。1月19日下午2时15分，梁启超离开了人世。1月20日下午，梁启超的亲人和朋友默默地站在他的遗体前，向他做最后的告别。告别仪式上，每个人的脸上都是那样悲痛，那是发自内心的悲痛，他们深深地为失去这样一位亲人和好友而痛心。最后，梁启超的骨灰被送到了西山，与梁思成的母亲葬在了一起。梁思成和林徽因共同为他设计了一块墓碑，以告慰他的在天之灵。

梁启超的离去，对梁思成而言是极大的打击，眼看着父亲一天天衰弱，最后与世长辞，他心中比谁都难过。林徽因自然能够体会得到他心中的痛楚，她陪伴在他身边，温柔体贴地照顾他、安慰他，也勇敢地站在他身边，帮他撑起了半个家。此时，她还不知道自己的腹中正在孕育着一个小生命，它还那么小，小到她意识不到它的存在。直到感觉到自己身体有些不适，她才去医院做了检查。

除了与心爱的人结婚，还有什么事情能让一个女人感受到满满的幸福呢？或许，再没有什么能够比身为人母这件事更让人感到幸福了吧。得知自己怀孕的消息后，她心中荡漾着满满的幸福和喜悦之情。这是一个新生命，是她与爱人的结晶，她开始期待，期待与那个小生命相见的那一天。

或许梁启超在世时，也曾期盼过儿孙满堂的那一天，也曾期盼这个知书达理、温婉可人的儿媳能够为梁家添一个健康可爱的孩子，让他享受天伦之乐。或许他曾期盼能够像照看儿时的梁思成一样，将自己所有的、所会的，全部传递给这个孩子，将他也培育成一个与他父亲同样优秀的人。遗憾的是，这些愿望都没有实现，他还来不及看到，甚至来不及知道，便已经再也无法睁开双眼。

世事无常，此消彼长。一个生命离开，另一个生命到来，生活就在生命的交替中一点点被拉长，余下的人生就在相遇与告别之间一点点缩短。对于这个不期而至的孩子，林徽因是欣喜的，梁思成也是欣喜的。未出世的孩子给他们带来了希望，带来了生活的动力，几个月来的悲伤被这突如其来的惊喜冲淡了许多，他开始将更多的心思投入在怀孕的妻子身上，开始想着这个孩子出生后的事情，同时也暗暗叹息父亲没有机会见到这个小家伙的到来。

从父亲离世的悲痛中走出来，他们又回到了东北，继续他们的工作和研究。对事业，林徽因仍然很坚持，对学生，她仍然很用心。这次回校，一来一回之间，家庭发生了变化，身体也发生了变化，心却一点也没有变。一想到自己的腹中，有一个小小的生命正在关注着自己，感应着自己所做的一切，她的心中便涌起一股满足感、一种自豪感，那是一种不同于学业和事业上的满足和自豪。

春天来了，她的身体也开始有了明显的孕味，身边所有知晓她已经怀孕的人也都开始格外关照她，她的居住条件和饮食条件都得到了改善。夏天到了，又半个学期将要结束，已经开始走向正轨的建筑系却仍然只有她和梁思成两位老师，此时的林徽因认为，是时候多增添几名人手了，于是她向曾一同在宾夕法尼亚大学留过学的几位同学发出了邀请，请他们前来任教。

旧同学相见，感觉自然十分亲切，那些上学期间便看好林徽因与梁思成这一对佳侣的同学们，在见到林徽因已经十分明显隆起的小腹时，都露出了为这对佳侣欣喜的神色。

相同的志趣、相同的梦想，将这些年轻人又一次聚集在一起，这一次，他们将会创造出的，是一个中国现代建筑史上的新时代。

谁爱这不息的变幻

变幻莫测的人生中，喜悦和悲伤不断交替着前来，有时让我们感到生命中充满了阳光，有时让我们看不到要去的方向。可生活不正是因此而变得越发精彩？若是一成不变，始终只能看到阳光，阳光便不再令人觉得兴奋和喜悦，若是只能看到乌云密布，希望和力量就会渐渐消失尽殆。

陈植、童寯和蔡方荫的到来，让梁思成和林徽因的生命中又增添了许多的快乐，那种再次重温大学时光的感觉。原本两人的工作多了几人分担，林徽因便可以多些时间休息，可她却丝毫不介意似的，一如既往地和梁思成一起参与古代建筑的考察和测绘。梁思成对身怀六甲的妻子如此爬上爬下地测量和记录十分担心，可他也深知林徽因的性格和脾气，无法劝阻她，便只能在她做这些事情时格外关注她。

随着怀孕的日子越来越久，林徽因的身体也越来越丰腴，再不是那个看上去单薄的小姑娘了。此时的她走在校园中，再也不会被当作学校的学生，然而丰腴的身材并没有让她失去原有的美丽，反而为她平添了几分特别的韵味。

1929年夏，林徽因的身体越发沉重，她知道，上天赐给她的最宝贵的礼物即将到来。和梁思成商量后，他们决定回到北京生产。7月，适逢暑假，林徽因在梁思成的陪同下回到了北京，次月住进了协和医院妇产科的病房。

等待新生命降临的过程，令人感到焦急而幸福。林徽因生产的那一天，梁思成守在病房外面，急切地等待着里面传出母子平安的消息。当产房里传来一声响亮的啼哭，当医生走出产房，微笑着告诉他母女平安，恭喜他做了父亲时，他心中顿时被极大的满足感和幸福感填满了。

刚生下来的婴儿小小的，紧闭着双眼，不停地啼哭，这哭声也让林徽因的心轻松了起来。健康的宝宝、疼爱自己的丈夫，一个女人一生中最渴望得到的两样幸福此时终于完整了。女儿的到来给全家带来了欢乐，也带来了更多的责任。为了告慰未能见到孙女一面的梁启超，她给女儿取名“再冰”。梁启超生前，将自己在变法维新之中内心所经历的煎熬和忧虑视为“饮冰”，称自己为“饮冰老人”，并将自己的书房题为“饮冰室”。给女儿取名为“再冰”，便是为了纪念这位奉献了一生的老人。

林徽因在家中休假的时间里，学校也给梁思成放了假。在家中，有其他人帮忙照看孩子，夫妇二人的生活倒也不算太累。孩子满月时，学校已经开学了，梁思成和林徽因便匆匆带着孩子回到了沈阳。回到学校后，梁思成与林徽因除了日常的授课，也开始计划起其他的事情来。在学校教书，并利用课余时间进行建筑研究的生活已经不能满足他们，他们都感到，自己的生活里需要其他的东西来填充。

年轻的人梦，炫丽而迷蒙，似流光一瞬，华美异常，却触碰不到它的身体；似彩蝶飞舞，翩然起舞，打动着多少人，却无人能将它捕捉。流光在空气中旋转，多少人为之迷惑；彩蝶在花间穿梭，多少人对之迷恋。而那迷惑与迷恋之间，涌动着的又是怎样的感情，是迷，是盼，还是爱？

谁也说不清，自己心中那份期盼究竟来自何处，仅仅是小小的不甘心，或是小小的遗憾，还是一直埋藏在心中不曾意识到的真心。变幻莫测的人生，不停转动的齿轮一圈又一圈，与身边的齿轮一牙一牙地咬合又松开，生命就这样运转下去，心中的一股股细流在运转中被拧成了绳。

同是在外留过学的人，思想自然格外开放且活跃，不出多久，林徽因和梁思成便与几位老同学一起成立了一间主攻设计的“营造事务所”，一边进行建筑研究，一边承接建筑工程。他们所接下的第一件设计，是为吉林大学进行校区建筑设计，设计对象包括教学楼、行政楼、寝室楼等所有楼体。同年，林徽因所设计的“白山黑水”图案成为东北大学校徽上的图案。白山代表着长白山，黑水代表着黑龙江，水的线条取自于《易经》中代表东北方位的艮卦。整个设计简单大气，又蕴含了强烈的中国元素，被张学良一眼看中。

事业上的顺利让夫妇二人心生喜悦，而回到家中，他们那喜悦便被各种来自家庭的困扰冲淡了，这困扰主要来自他们的女儿。在学校，他们是受学生们爱戴的教授，是同事们信赖的伙伴，在家中，他们就只是一个孩子的父母。孩子每一次的啼哭都会让他们的心头一紧，尤其是孩子生病的时候，他们的心情就更加焦虑了。

林徽因天性敏感，梁启超的离世曾让她很长一段时间里都忧虑重重，或许她的悲伤让腹中的女儿也感应到了几分，这个小不点一出生就格外敏感，时常因为外界的声音而从睡梦中醒来，然后大哭不止。有时，林徽因刚刚将牛奶调好温度，准备喂给孩子，孩子却突然哭了起来，哭声一阵接着一阵，无论怎么哄都停不下来。林徽因看着啼哭的孩子，心都要碎了，她抱着孩子，一边轻轻地拍打着孩子的后背，一边轻声细语地哄着孩子，直到那柔软的一团渐渐安静下来，不再哭闹，牛奶却已经凉了，只得重新加热。

年轻的时候，林徽因曾得过几次大病，每一次大病都让她的身体变得更加虚弱，可是她却并没有在意。工作后，对事业的热爱使她更加不顾自己的身体，一心扑在事业上，早起晚睡。成为一名母亲后，她的面容仍然是那样的美丽、清新、不沾风霜，而她的身体却变得越来越无法抵抗疾病的侵扰了。回到沈阳后，少了家人的帮忙照料，她只得一边努力工作，一边努力尽着为人母的职责。之前的生活虽然忙碌，但乐在其中，也就不觉得累了。如今，除了工作，还要照顾孩子，她的身体便开始有些吃不消了。繁重的教学工作和照顾孩子的辛苦轮流折腾着她，她又一次倒下了。

林徽因住院了，医生为她做了检查，诊断为肺病复发。住在医院中，林徽因时时挂念家中的孩子，也挂念学校的课程，几次想要提前出院，都被医生劝阻了。在医院住了一段时间后，林徽因的身体仍然不见好转，徐志摩听说她病了，便特意去了沈阳探望她。

1930年秋天，徐志摩来到沈阳，见到了病床上的林徽因，不由得感到心疼。他提出，应该让林徽因回到北京治疗，毕竟北京的医疗水平比沈阳要强很多，气候也更适合林徽因养病。听到友人这么说，林徽因的心中十分矛盾。之前，身边的朋友也劝过她，她自己也不是完全没有回北京的想法，然而来到这里已经这么久，建筑系是她和梁思成从无到有创建的，并不是说放下就能放得下。满系的学生等着上她的课，还有那么多的事情等着她去做，她怎么舍得就这样离开呢?

犹豫了许久，最后，她还是不得不接受了好友的提议，带着孩子一起回到了北京。回京前，林徽因给在福州的母亲写了信，希望能将母亲接到北京与自己和孩子一起生活，她的母亲便过来了。有了家人的帮助和照顾，林徽因终于可以不用那么劳累，好好地休养身体了。

一座典型的北京四合院里，几树花开，散发着幽幽的花香。宽阔的院子里，四条长长的走廊将四排单层的住房连接在一起，每一排住房内侧都开设了木制的门窗，窗子设计得很精致，透光也很好，坐在屋子里就能够享受到阳光的气息。窗子是梁思成和林徽因亲自设计的，他们将那些纸糊的窗子换成了玻璃窗，增加了房间的通透性，又在玻璃上设计了一层纸帘，到了夜里，只要放下纸帘，外面便看不到室内的情况了。

回到北京后，林徽因的病情没有立即好转，这令梁思成时时不能放心。林徽因日渐消瘦的模样让他格外心疼，而同时，事业和理想也让他无法割舍。左右为难的梁思成只得利用所有的假期回到北京，照看林徽因。而当他得知自己不在林徽因身边的日子里，林徽因被诊断出患了肺结核，需要去山上静养时，他心中的矛盾更深了。直到1931年，这矛盾才得以解决，那一年，东北大学被日本人强行关闭，梁思成回到了北京。

瞬息变幻着的生活中，谁也说不清，哪一次好，哪一次坏。祸福相倚，悲喜掺杂，人生就如一坛埋在地下的酒，谁也不知道，那一点点的变化对这坛酒而言，会让它变得更加香醇，还是让它变得酸涩。在未曾将它开启之时，有多少猜测和疑问，都只能是一厢情愿的猜想，只有真正品尝到它的味道，才能确定，那是否是自己一直期待的味道。

永远的蓝颜知己

人们常说，男女之间没有纯粹的情谊，那些所谓的蓝颜，不过是一对装傻的男女在以朋友的身份享受暧昧而已。世上有太多的蓝颜，到了最后，还不是幸福的独自幸福，伤怀的暗自伤怀。有些蓝颜，相爱，却不能爱，蓝颜的身份让他们维系最美好的关系，也保持永远的距离；有些蓝颜，爱过，却不能在一起，蓝颜的身份改变了他们过去的身份和关系，感情却仍然在心中维系。

话，不是绝对的，事，也不是绝对的。很多事，都是出乎人们意料之外的。世事无常，时间可以改变许多事，也可以改变许多的感情，一如徐志摩与林徽因之间，那曾经浓得化不开的，似爱似恋的感情。

东北大学还未曾关闭时，梁思成与林徽因一同回到北京，为她安排好住处，便又回到了沈阳。从此，家中便只剩下林徽因、林妈妈、梁再冰，以及几名佣人。林妈妈年岁已高，再冰只是个一岁多的小娃娃，林徽因又一次独自一人打理起全家的事务来。自小练就的干练和镇定让林徽因对于打理家事没有什么陌生感，然而，她已不是当初那个朝气蓬勃的小姑娘，身体又十分虚弱，有些事情还是不便打理的。

1930年末，徐志摩在胡适的邀请下来到了北京，在北京大学任教。听闻林徽因已经搬回了北京，他便前去探望。他心中希望见到的，是一位风韵翩翩、面色红润的妇人，不想到了梁家，却只见到一位身体虚弱、面色苍白的病人。为了照顾林徽因，徐志摩住进了梁家的客房，以便帮忙照应。许多梁家的亲戚也都知道，在北京的梁家，时常可以见到一位看上去颇有戏剧风格的男人。

无论曾经徐志摩对林徽因是爱，是痴，或是迷恋，此时的他们，已然是好朋友的关系。他们各自有了爱人和家庭，心之所系的是与彼此无关的另一人，此时的他们，只是相识多年的好友，在文学上的知音。梁思成自然也是知道的，才会对徐志摩的照顾不生隔阂，只存感激。

热烈的感情早已退去了，并非不记得自己当时的爱恋，也并非有了新欢便忘了旧爱，那些往事，都成了他们人生中的一段折子戏，没有开始，没有结局，结束了便是结束了。浓情散尽，心中反而多了一份平静的关注，也多了一些朴实的关怀。奔走于京沪两地的徐志摩但凡有时间，就会到梁宅去帮忙，只期盼好友可以早日健康起来。

总是被困在家中休养，林徽因的心情有些低落，有时，她也会默默地坐在那里，不知在想些什么。担心她忧思过重，徐志摩开始邀请她为自己新创办的《诗刊》写稿。在徐志摩的邀请下，林徽因又开始了写作，不觉中，她的心情竟然好了很多，精神也好了很多。一边写着那些唯美的诗歌，一边体验着美丽的情感，她仿佛走进了一座安静的花园，亲手在花园里栽下一朵朵鲜花，看着它们绽放的样子，那么生动、那么活泼，她感到轻松多了。

徐志摩与林徽因的友谊从此开始结下，或许不应该这么说，他们的友谊在很久之前便已经存在，只是此时才真正被唤醒而已。多年以前，他们错把友谊当成了爱情，待到时间流转过几个春夏秋冬，两人都经历太多的人生起伏后，他们的友谊才破茧成蝶，闪烁着温暖柔和的光芒。

后来，林徽因因为肺结核住进了香山的双清别墅，梁思成虽然回了北京，却因为工作不能时常过去陪她，于是给她带去了许多书籍。梁思成担心她每日写作过于伤神，不许她太专注于文学创作，林徽因却并没有放在心上。她更喜欢看到自己写的东西发表在刊物上，那是她的另一个梦的实现，也是她心灵的慰藉。徐志摩评价林徽因的诗时曾说："徽因的诗，佳句天成，妙手得之，是自然与心灵的契合，又总能让人读出人生的况味。"

搬到香山后，徐志摩也经常会去看她，有时只有他自己，有时他会带一些朋友同去，他们多是第一天晚上到达香山，在山脚下的旅馆住上一宿，第二天一早再前去探望她。林徽因很喜欢有朋友来看她，每当有朋友前来，她都会把自己已发表的诗歌与大家分享，或者念自己新写的诗歌给朋友们听。

若是只有徐志摩一人，他们的谈话便更加随意且惬意，一壶茶、两张椅，两个人就这样在院子中随意地闲聊着，从时事政治，到文学，再到生活。灵魂上的默契使二人完全不需要刻意寻找话题，哪怕话题之间的跨度很大，他们也可以聊得十分投机。

他们之间无话不谈，可以谈文学，可以谈艺术，也可以谈感情。徐志摩曾对林徽因提及过他与陆小曼之间的感情，也曾提过他的无奈，但他从未提过他想要放弃这段感情，也从未提过想要与林徽因再有任何情感上的牵绊。

最初听到徐志摩与陆小曼结婚的消息时，林徽因的心中有点惊讶，但想到徐志摩的为人，他那种对感情无法抑制的天性，便理解了。她能想象得出，有这样一位美貌与才情并俱的妻子，徐志摩会有多么幸福、多么激动。

陆小曼也是一位才女，徐志摩曾为她写过许多深情的诗歌，她也曾用许多动情的诗歌回应，与徐志摩一同探讨文艺方面的事情，这让徐志摩更加感动。婚后，他们还曾度过了很长一段如世外桃源般的日子，那段生活中，他们只看得到彼此的眼睛，只感受得到彼此的存在。只可惜这样的生活并没有一直持续下去，过惯了养尊处优生活的陆小曼渐渐恢复了她奢靡的生活习惯，沉迷于社交应酬，不再充满灵性，也不再创作。陆小曼任性的挥霍让他们的生活变得越来越窘迫，特别是在她迷上了鸦片之后，她彻底变成了另外一个人，一个让徐志摩爱不能、恨不得的人。

徐志摩的幸福渐渐消失了，那甜美的梦一天天变得无味，那轻纱般的网渐渐干枯，最后支离破碎，那个曾让他视为一生的归宿的女人正一点点摧毁着他的梦，改变着他梦想中的生活轨迹，让他一瞬间从世界上最幸福的人变为最无奈的人。他的心中充满着苦楚，却无从倾诉。一切都是他自己的选择，他无从埋怨。家人早在他决定与陆小曼结婚时便与他渐渐疏远了，身边的朋友虽多，却也没有几人能够明白他的人、他的心。

蓝颜知己，心有灵犀。林徽因懂他，与她相识时他便知道，她会懂他。在她面前，他的那些感情总能如流水般，自然而然地流淌而出，而她永远不会嘲笑自己，不会责备自己，那安静的聆听，便是对他最好的理解和支持。只有在她面前，他才有勇气说出自己内心深处最真实的感受，才能让自己在混乱的生活中得到一丝安慰。

“我只有到这里来了。”徐志摩喃喃地说道。那失望的、无奈的、不甘的、委屈的语气让林徽因也感到了一丝悲伤。她知道，徐志摩不是特意来向自己倾诉和抱怨，他只是承载了太久他意料之外的悲伤，自己深爱的人，却是让自己感痛至深的人，这样的事实对于他而言，实在太重了。当她听到徐志摩用无比悲伤失望的语气说着“看来，我这一生不再会有幸福！”时，她想要说些什么来安慰他，却又不知应该说些什么。

林徽因温柔而静默地倾听着，她明白，徐志摩在物质与精神的世界之间挣扎了太久，只有精神上的富足才能让他幸福，让他更加自在地释放他的才华，而陆小曼既是物质的，也是精神的。当她的物质完全压住了她的精神时，她便不再能带给徐志摩安慰和灵感了。徐志摩不愿就这样下去，他仍然爱着陆小曼，才会想要将陆小曼从那个纸醉金迷的世界中救出来，才会想让她与他一起到北京，开始一个新的生活。他的心中还是有着期望的，而陆小曼却并没有意识到，她仍然沉迷在自己的世界里，这才是令徐志摩最为无奈的吧。

徐志摩静静地说着，林徽因静静地听着，偶尔轻声劝慰几句，她知道，责备、教训，都是无用的。他想要的，是一份倾听、一份理解，他并非想要向她抱怨什么，也并非想要对她奢望什么，既然如此，她还需要说什么呢？她与他相识多年，对他的心、他的性格早已再了解不过了。

清静的山间和林徽因轻柔的话语让徐志摩的心舒缓了许多，此时，他们之间有着无关爱情的关心和默契，若说不是蓝颜知己，还能是什么呢？他在最后一次探望结束准备离开的时候，曾回过头张望，当他看到那满院的山杏和林徽因的身影时，他的心里莫名地感到一丝踏实，却不曾想到，那会是他们最后一次单独相见。

第六章

落花无言：

突如其来的命运悲歌

诗人乘风去

世上的人来去匆匆，一个又一个身影出现在历史的舞台上，绽放了耀眼的光芒，却又化为了永远的灰烬。一些人如炫目的流星，来时引起多少人的惊叹，去时引起多少人的惋惜；一些人如夏花般静静开放，又静静凋零，来时不曾在人群中引起轰动，去时也不曾成为爆炸性的新闻；一些人，来时轻轻巧巧，去时轰轰烈烈；一些人，来时花团锦簇，去时静谧无声。

人生就是如此变幻莫测，多少人来了，多少人走了，生命的交替，世间的轮回。谁也说不准，什么时候，就与这个世界再无瓜葛，什么时候，就再也见不到心上那片美景，听不见梦中那段声音。谁也说不准，什么时候，那习以为常的一切都成了片刻的珍贵，只盼能在那短短一瞬间，再多看上一眼。

这位多情的诗人生前自然不可能想到，自己的离去竟然会以这样的方式，竟然让自己如此措手不及，来不及再见自己深爱的女人一面，来不及与好友们说声再见，来不及为心中那朵白莲再作一首诗。他再也不能出现在他们当中，与他们高谈阔论，在文学的世界中争论不休；他再也没有机会见到那个知他、懂他，始终温柔淡定的知己；他再也没有机会见到那个风韵十足、美貌动人，却消耗了他一生的爱人。

他的离开也令他的朋友们意外非常，与他最后一次道别时，他们只想着他要回去了，回到那个令他牵挂的女人身边，安慰她孤寂的心灵。他们还在希望他这一去，两人能够重修旧好，他便不会看起来那样忧伤，那样灰蒙蒙的忧伤。谁都不曾想过，那一次的见面，竟然就是最后一面，那一次的再见，竟然就是永别。

1931年11月19日，协和小礼堂中坐满了来自各国的驻华使节，他们都怀着崇拜的心情用热切的目光注视着讲台上的林徽因，听她用标准的牛津式英语为大家讲解着建筑的细节，展示着建筑的魅力。讲台上的林徽因在灯光的包围中，显得格外大方得体、端庄自然、优雅高贵。每一句话语从她的口中流出，都让在场的使节们惊喜不已。从精彩的开场白，到细致入微的演讲本身，她将建筑与人类的文明历程、历史、时代、社会、国家和民族等内涵结合在一起，为使节们献上了一场精彩的演讲，所有人都被她吸引了，在她的讲述中，那些外国使节们的脸上呈现着喜悦的红，眼中闪烁着激动的光。

林徽因自然也是喜悦的，喜悦中却也带着一丝担忧，她望向台下，徐志摩熟悉的身影从演讲开始到演讲结束，始终都没有出现，这让她的心感到了一些不安。她记得徐志摩在回沪前答应过她，一定如期赶回北京，参加她为外国使节举行的中国建筑艺术讲座。她从不担心或怀疑他会失约，因为他从未失信于她，可是这一次，他却没有如约而至。就在上午，他还发电报告诉她，他会乘坐“济南号”飞机回到北京，大约下午3点到达。然而梁思成在机场一直等到4点半，都不曾见到徐志摩的身影。

整个演讲的过程中，林徽因的心都是忐忑的。当演讲结束，梁思成告诉她没有在机场接到徐志摩，也没有打听到有关航班的消息时，她切实感到了不安。同样的不安也盘旋在徐志摩其他好友的心中，他们都在焦急地等待着他的消息，但等来的却是第二天一早《晨报》上刊登的一则噩耗：“十九日午后二时中国航空公司飞机由京飞平，飞行至济南城南州里党家庄，因天雨雾大，误触开山山顶、当即坠落山下，本报记者亲往调查，见机身全焚毁，仅余空架、乘客一人、司机二人，全被烧死，血肉焦黑，莫可辨认，邮件被焚后，邮票灰仿佛可见，惨状不忍睹……”

看到这条消息后，林徽因的心一下子沉了下去。这正是徐志摩搭乘的那班飞机，那仅有的一名乘客，如无意外，应该就是徐志摩了。强忍着震惊和悲痛，她和梁思成赶去了胡适家。胡适去向中国航空公司打听详细情况，他们夫妇便在他家中等待。不停响起的电话铃声让他们的心开始焦躁，那些电话都是他们共同的好友打来的，电话内容无一不是打听徐志摩是否平安。胡适终于回来了，他憔悴的面容让林徽因的心猛地向下一沉，而他打听到的情况则让林徽因的心彻底沉入了谷底，两眼一黑，昏了过去。她只记得昏倒前隐约听见胡适说：“南京那边已证实，出事的是志摩搭乘的‘济南号’飞机……”

醒来，林徽因还不愿相信这是真的，那给了她少女时代最美丽梦幻的人，那曾用无数诗歌文献安慰了她内心的人，那懂她护她视她如珍宝的人，就这样再也不会出现了。还记得他走前去她的家中拜访，话语间羡慕她与梁思成伉俪情深，既能共谈理想，又能生活惬意；还记得最后一次聚会时，他与她约定赶回来出席她演讲的神情；还记得那次通话中，她曾劝过徐志摩乘坐火车回京，而徐志摩笑着安慰她：“飞机是很稳当的，我还要留着生命看更伟大的事迹呢，哪能便死！”那轻松的笑声，如今想起来，仿佛还在耳边。

“同时天上那一点子黑的已经迫近在我的头顶，形成了一架鸟形的机器，忽的机沿一侧，一球光直往下注，砰的一声炸响——炸碎了我在飞行中的幻想，青天里平添了几堆破碎的浮云。”这是徐志摩在散文《想飞》中写下的句子，却不承想这句子竟然成了他自己生命终结的写照。

徐志摩喜欢乘坐飞机的感觉，来去自如，轻盈自由，一如他一贯洒脱的性格。他喜欢从空中向下看，感受层层白云在身下流动，想象自己已经从这个物质的凡间脱离出去，置身仙境，如此自在，如此幸福。心在飞着，飞过高山，飞过大海，飞到另一个虚幻的世界中，那飘飘欲仙的感觉，如梦如幻，让人如痴如醉。正如他在文章中所写：“飞上天空去浮着，看地球这弹丸在太空里滚着，从陆地看到海，从海再回看陆地。凌空去看一个明白——这才是做人的趣味，做人的权威，做人的交代。”何况，通过朋友的关系搭乘邮政航班是免费的，既便捷，又省钱，何乐而不为呢？

对于徐志摩乘坐飞机的决定，他的朋友们无一赞成，每每他搭乘飞行航班，他的朋友们心中都会悬着一线担忧，直到他平安着陆才得以放下。朋友们劝过他许多次，在当时的年代，火车远远要比飞机安全。徐志摩的心却一直是轻松的，对于朋友们的担忧，他不以为然，笑他们多虑，并称自己已经坐过两次这样的航班，每一次都是平安着陆，没有什么值得担忧的。就在他登机的前一天晚上，他的朋友韩湘眉问他会不会出事的时候，他还调皮地伸出右手，说自己的生命线那么长，还有很多年要活，怎么可能出事。

陆小曼对于徐志摩乘坐飞机的事情更是极力反对，她曾无数次告诫徐志摩，不要坐飞机，可是徐志摩却说：“你知道我多么喜欢飞啊，你看人家雪莱，死得多么风流。”陆小曼称徐志摩若是死了，她便去做风流寡妇，徐志摩听了不但没生气，还拿这一段对话当作笑谈，说与朋友们听。他不知，在他死后，陆小曼虽做了寡妇，却无一丝风流，她曾无数次痛哭到晕厥，娇媚的神情消失不见，双眼如桃，红肿着，泪水却还止不住地不停地流下。一朵上海有名的交际花在一夜之间变成了一株枯草，她不去应酬，不去交际，也不再打理自己，乱乱的头发随意披散着，脸色黯淡无光，如同一位风烛残年的老妪。

砰的一声巨响在党家庄上空响起，一团火焰从巨响爆发之处落下，像一团从天而降的火流星，像一只被击中的火鸟。飞机上的笑谈戛然而止，那些有关文学的话题还没有说完，便伴随着巨大的声响和熊熊的火焰化为了灰烬。迷茫的雾是那样洁白，熊熊的火焰是那样耀眼，仿佛在向人们讲述着一个羽化成仙的故事。

那一句“轻轻的我走了，正如我轻轻的来”，又不知在多少人的心中勾勒出一幅精美绝妙的画卷，不知打动过多少的女子。每每提到徐志摩，人们的眼前，自然而然地浮现出这样一位男子的身影，儒雅，平和，安静，温柔。他像一片叶子，静静地挂于枝头，展示着他那一抹绿，展示着他那一片心，他不曾激烈地对待这个世界，除了当他深陷于爱中时，那不可自拔的感情让他无法自制，他一直都是轻轻的。他一定不曾想过，自己的一生竟然会结束得如此突然、如此轰轰烈烈，他也一定不曾想过，命运竟然与他开了如此大的一个玩笑，让他甚至来不及向这个世界告别。

人生如梦，梦起梦灭之间，有多少人希望落空，有多少人暗自庆幸。落空的，只因是美梦，他们感叹那美好的一切只是梦一场，无法延续；庆幸的，只因是噩梦，他们庆幸那悲伤只是个梦，再不重逢。时间如水，匆匆流过每一个人的生活，带走了多少如花的容颜，也带去了多少英俊的样貌。那多情的诗人，他的灵魂，或许融进了那一片白茫茫的雾里，随着雾气去了，带着对这个世界的爱，带着对这个世界的遗憾。当他的爱、他的情、他的诗、他的梦，真的随风在空中飘散时，他的灵、他的魂，也永远地印在了历史上，印在了耀眼的星河中。

梦中相顾无言

人与人之间的关系，无非相识、相知、相别、相送、相思、相决。那过程，若是来也匆匆，去也匆匆，倒不令人感到有多少的痛、多少的难；而若是来如抽丝，去如抽丝，那前半段自然春光明媚，莺啼柳绿，后半段自然冷风过境，瑟瑟萧萧。从萍水相逢，到蓝颜知己，十年的情谊。十年来，他一直像一个孩子般直率而天真，他的理想、他的感情，都从未有过一丝半点的掩盖，他将自己完全暴露在这个世界里，不畏世人的眼光，不畏生活的残酷，他永远那么真实、那么坦白，在他面前，她内心最敏感的那一根神经也被拨动了，才能创作出那么多动人的诗句、那么多令人触目生情的小说。而如今，他走了，就那么意外地走了，没有来得及做好准备，没有来得及写下他的感受。当他从空中直降到地面时，中国文坛上的一颗明星也就此陨落了。

他就这样永远，永远地离开了。林徽因告诉自己，即使内心有再多的不舍、再多的惋惜，他也已经离开了。或许，他会在另一个地方继续写他那些用情至深的诗句，继续把他心中所期待的那个国度真真切切地用文字堆造出来。或许，他会在那里遇见另一个女子，一个满足他所有想象的女子，与他一起创作出更多美好的作品，他便再也不需要忧伤，不需要沉重，不需要无可奈何。

徐志摩所乘飞机坠毁的消息刊登后，《晨报》又于下午发布了一条号外："诗人徐志摩惨祸「济南二十日五时四十分本报专电」京平航空驻济办事所主任朱风藻，二十早派机械员白相臣赴党家庄开山，将遇难飞机师王贯一、机械员梁壁堂、乘客徐志摩三人尸体洗净，运至党家庄，函省府拨车一辆运济，以便入棺后运平，至烧毁飞机为济南号，即由党家庄运京，徐为中国著名文学家，其友人胡适由北平来电托教育厅长何思源代办善后，但何在京出席四全会未回。"

那样鲜活的一个人就这样走了，除了好友们的思念，什么都没有带走，除了一大箱作品、一地残破的飞机残骸，以及一群为他悲伤的人们，什么都没留下。徐志摩的入棺仪式，林徽因本是想去的，可最终还是没有去。他们之间的情谊，身边的朋友们都是知道的，然而他们担心身子一向虚弱的林徽因在见到徐志摩的遗骸后过分悲痛，无法支撑，何况，那时的林徽因又一次有了身孕，于情于理，她都不可以前去。林徽因也明白这个道理，最后，她留在了北京，由梁思成代她前去。梁思成临行前，林徽因嘱咐他，一定要带一片飞机的残骸回来，梁思成没有问为什么，就照着她的话去做了。

11月22日，梁思成与徐志摩的其他好友们赶到了济南，然后一起去了福缘庵，那是停放徐志摩遗体的地方。徐志摩的遗体已经装殓得很干净，脸上的伤痕使他的表情看起来有些滑稽，却不失他一贯的文质彬彬。细雨中，梁思成将他和林徽因共同制作的花圈献给了徐志摩，然后与其他人一同悼念这位昔日的好友。

梁思成前去济南后，林徽因在家中等候着他的回来。她又一次想起失去亲生父亲的痛、失去梁父的痛，那些痛与失去挚友的痛融合在了一起，让她的胸口越发地沉闷。世事的无常她已经领教过数次，却没有一次如此次这般突然、这般强烈。两位父亲或是为了理想和事业，或是因为疾病缠身，最终与世长辞，而徐志摩不同，他的意外，竟然与他的理想无关，与他的事业无关，更与疾病无关。没有一丝的征兆，没有一丝的提示，他就这样走了，在他最好的年华，便走了。34岁，他只有34岁，还有多少精彩的人生在等待着他去经历，还有多少事情等待着他去完成！

悲痛与不忍积压在心中，无处发泄，不能前去参加他的入棺仪式，那么便为他写些什么，以表思念吧。林徽因便拿起笔纸，为徐志摩写下了一篇悼文。

“现在那不能否认的事实，仍然无情地挡在我们前面。任凭我们多苦楚地哀悼他的惨死，多迫切地希冀能够仍然接触到他原来的音容，事实是不会为体贴我们这悲念而有些许更改；

而他也再不会为不忍我们这伤悼而有些许活动的可能！这难堪的永远静寂和消沉便是死的最残酷处。

比我们不迷信的，没有宗教地望着这死的帷幕，更是丝毫没有把握。张开口我们不会呼吁，闭上眼不会入梦，徘徊在理智和情感的边沿，我们不能预期后会，对这死，我们只是永远发怔，吞咽枯涩的泪，待时间来剥削这哀恸的尖锐，痂结我们每次悲悼的创伤……”

写着写着，林徽因又一次想起徐志摩离开北京前的那晚曾与她提到，飞机曾经改签了三次，并说若是再改签，他便不走了。若他那次真的就不走了，不知是否就不会有之后的悲剧发生。那时，徐志摩已经彻底爱上了在北京的生活，他知道陆小曼在艺术和文学上有着惊人的天赋，他不忍她浪费那些天赋，整日沉浸在上海那纸醉金迷的圈子里，便多次写信希望陆小曼可以入京，与他一起过那种健康的阳光的生活，陆小曼却总是催他回上海，一次又一次地请求让徐志摩既不愿接受，又不忍拒绝。那次决定回上海，便是因了陆小曼的一再催促，也是担心陆小曼对他再三要求她入京的事情生了气。

徐志摩还是爱着陆小曼的，虽然她胡乱发脾气，有着太多不好的习惯，可他还是爱着她的。他忘不掉初遇时两人的一见如故，忘不掉两人在一起时那无与伦比的幸福时光，他一直在期望着，只要陆小曼与他一同进京，那些不健康的，便会剔除，那些幸福的，便会回来。可惜的是，直到最后，他这个简单的愿望也没有成真。

她想起她的姊丈温源宁不久前曾提到与徐志摩同学时，发生在徐志摩身上的趣事：他会站在雨中等彩虹的出现，会为了拜见自己心中的偶像不顾波折，会为了自己的理想放弃家人为他安排好的一切，会为了与一位朋友说几句话而经历几番周折……那些事情听来令人感到好笑，却也正符合徐志摩一贯的风格，他一直那样天真、那样随性、那样执着，偶尔也会迷糊，但他永远是真诚的、不加修饰的，这才使得任何人与他相处时，都能感受到格外的轻松，也使他收获了无数来自各个领域的朋友。

“人家说志摩的为人只是不经意的浪漫，志摩的诗全是抒情诗，这断语从不认识他的人听来可以说很公平，从他朋友们看来实在是对不起他。志摩是个很古怪的人，浪漫固然，但他人格里最精华的却是他对人的同情、和蔼，和优容；没有一个人，他对对方不和蔼，没有一种人，他不能优容，没有一种的情感，他绝对地不能表同情……”“他这样的温和、这样的优容，真能使许多人惭愧，我可以忠实地说，至少他要比我们多数的人伟大许多……”

她又想起与徐志摩接触的过程中，每一次，他都能给自己带来惊喜和欣喜。他的学识是那样广泛，除了文学和哲学，数学、天文、物理、戏剧、绘画等他也都有兴趣，并研究过一些。每次与他交谈，他都能将她的眼界拓宽一些，再拓宽一些。他是那样热爱生活，那样舍不得离开这个世界，为何命运却偏偏不给他多一些的机会，不让他在这个世界里多享受一段日子呢？难道是因为上天不忍再看着他这样有才华、有灵气的人，被现实所累，被世俗所困，想要让他得以解脱吗？或许，就是这样的吧，若真的是这样的原因，自己的心也能稍安一些了，林徽因想。

“我不敢再往下写，志摩若是有灵听到比他年轻许多的一个小朋友拿着老声老气的语调谈到他的为人不觉得不快吗？这里我又来个极难堪的回忆，那一年他在这同一个的报纸上写了那篇伤我父亲惨故的文章，这梦幻似的人生转了几个弯，曾几何时，却轮到我在这风紧夜深里握吊他惨变。这是什么人生？什么风涛？什么道路？志摩，你这最后的解脱未始不是幸福、不是聪明，我该当羡慕你才是。”

一篇长长的文章就在一次次泪眼蒙眬中被写完了。写完这些，林徽因心里那团散不去的愁闷，似乎变得好些了。她将写完的《悼志摩》发给了《北平晨报》，文章于同年12月7日被发表在了报纸上。

梁思成回来了，他为林徽因带回了一小块“济南号”的木板。看着这块木板，林徽因便自然地想到，徐志摩是在受到多么严重的冲击后离开的人世。她接过木板，将它用纱布包好，然后悬挂在了卧室的墙壁上。梁思成看着她的举动，没有丝毫不悦，他知道，她是在对知己的进行纪念和悼念。自此，天人两隔，只得梦中相见。

你是人间四月天

1932年8月，林徽因为梁家生下了第二个孩子，一个男孩。林徽因和梁思成给孩子起了“梁从诫”这个名字，与他们的结婚纪念日一样，同样是为了纪念《营造法式》的作者李诫。

林徽因是开放的，也是传统的，虽然她与梁思成都接受了多年的西方教育，但是她清楚地明白儿子在梁思成心中的分量。他固然爱他们的女儿，但是在他的心中，由男孩子继承香火的传统还保留着，并且，他一直认为男孩子比女孩子更适合学建筑，所以儿子的诞生让他的心中产生了极大的满足感和希望，他非常希望这个孩子长大以后能够继承他的事业，成为一名比自己还要出色的建筑学家。而她，作为母亲，对孩子并没有太多的期望，只要孩子能够平安、健康、快乐，她便知足了。

新生命的到来让林徽因的心中充斥着满足。此时她已经完全是一个成熟的女人，没有初为人母的忙乱和慌张，她会从容地将孩子哄睡，也会耐心地将孩子逗笑，那眉眼之间尽是为人母亲的幸福。她喜欢看着小小的从诫在她怀中熟睡得安稳，也喜欢看着他目不转睛地去凝视某样东西。当周围的景物映在那样单纯清澈的眸子里时，整个世界仿佛也变得纯粹清澈了许多。

此时的再冰三岁多，已经到了上幼儿园的年纪。她对这个被包裹在襁褓里的小婴儿很是好奇，虽然她不明白为什么这个小家伙不会说话，只会大声地哭、大声地叫，不明白为什么爸爸和妈妈一点也不觉得烦，整天围着他转，不过，她也很喜欢这个小家伙，他生得那么漂亮，皮肤那么白白净净，脸蛋那么秀气，怎么能让人不喜欢呢？再冰用稚嫩的声音叫这个小不点“小弟”时，家里的人听着顺耳，便也跟着她这么呼唤这个刚来到梁家的小宝贝。

林徽因深爱着这个孩子，她将心中的喜悦写成了诗，用文字诉说着这如春风般抚慰她身心的爱意：“我说你是人间的四月天，笑响点亮了四面风；轻灵在春的光艳中交舞着变。你是四月早天里的云烟，黄昏吹着风的软，星子在无意中闪，细雨点洒在花前。那轻，那娉婷，你是，鲜妍百花的冠冕你戴着，你是天真，庄严，你是夜夜的月圆。雪化后那片鹅黄，你像；新鲜初放芽的绿，你是；柔嫩喜悦水光浮动着你梦期待中白莲。你是一树一树的花开，是燕在梁间呢喃——你是爱，是暖，是希望，你是人间的四月天！”

四月里，春暖花开，一切都那么有希望、那么有生机，那新生命的到来，不正是梁家的希望，不正是梁家的生机？一首《你是人间四月天——一句爱的赞颂》，写出了林徽因当时的心境，写出了她心中满满的对儿子的爱，也写出了新生命的到来为她的生活带去的无限的希望。

身为两个孩子的母亲，林徽因身上的担子更重了，她需要操持的，不仅是对一双儿女的照顾、对丈夫的照顾，还有对家中仆人的监管、对那些来自院外的人的看管，以及对家中各种家当的看管。她的母亲虽然和她生活在一起，可是那早已被三从四德思想管束得没了主意的母亲不但不能帮助她料理家事，反而事事都要依赖于她。一时间，她成了家中的掌事者，家中的大事小情都要由她做主，这让她耗费了不少的时间和精力。

在林徽因心中，家庭固然是重要的，但事业也是不可放弃的。她不情愿让自己完全围着家庭打转，围着家中的各种琐事打转，不情愿因为孩子们的打扰而放弃自己钟爱的建筑设计。这样的生活不是她想要的，然而，当家中的事务堆积在她面前时，她却不得不多次停下手中草图的绘制、中断诗歌的创作，去解决家中的问题。正如她在写给胡适的信中曾提到过的，她的教育是旧的，她变不出什么新的人来，自然要对得住爹娘、丈夫、儿子和家族。在梁思成受中国营造学社之托前去华北对古代建筑进行科学考察的时候，她只能尽力让自己将家中的一切都安排妥当，让远在外地的丈夫放心。

林徽因善解人意，体谅丈夫，却毕竟仍是一位凡间的女子。有时，家务的繁重和工作的冲突也会让她感到疲惫，幸好，在这段时间里，费慰梅走入了她的生活，时常来拜访她，与她谈天，这才使她的生活变得不那么单调而枯燥。费慰梅来自大洋彼岸，有着金色的头发和蓝色的眼睛，她讲着流利的英语，穿着洋装，每当她走进梁家的院子，林徽因的母亲和梁家的仆人们都会用异样的眼光看着她，面对这些眼光，她却坦然而镇定。

她与林徽因相识在一场聚会上，一同参加那次聚会的还有她们各自的丈夫。费慰梅夫妇是在中国结识并结婚的，他们二人对中国的文化和建筑都有着深厚的兴趣，为了研究中国的古典文化，他们特意找了老师学习中文。结识了林徽因夫妇后，四人在交谈中一见如故，他们之间的友谊就此结下。得知两家相距得并不算远，费慰梅有空便过去串门，一来二去，两人越来越熟悉，走动得也就越来越频繁了。在费慰梅面前，林徽因感到了久违的轻松，费慰梅懂她的意思，欣赏她的奇想，为她所讲述的故事而着迷，而她，正需要这样的一位倾听者。

林徽因与费慰梅交谈时用的是英语，那流利自然的英语让费慰梅感到惊讶，她第一次在中国人口中听到如此纯正的英语，并且第一次见到一位中国人将英语运用得如此自如，如同自己的母语一般。那段时间里，费慰梅出入梁家越来越频繁，而梁家的仆人也渐渐习惯了这个高大的外国女人出入梁家的大院。每当她来了，仆人都会向林徽因通报“费太太来访”，然后任由她走进红漆的大门，穿过小花园，最后进入林徽因的起居室。

每当费慰梅来访，林徽因都会把孩子交给女佣，然后走进起居室。一壶热茶、几块点心，两个有着共同兴趣爱好的人，一起谈论文学和艺术，互相吐露着心中的故事和想法，那氛围自然轻松。和所有女子的交谈一样，她们也会谈到感情，林徽因曾向费慰梅讲述过她对徐志摩的思念，她毫不避讳自己思念徐志摩的心情，却从未有任何逾越。

从小生活在西方的费慰梅也被林徽因这般淡然坦然的心绪所打动了。她从未见过一个女子如林徽因一般，能够在结婚生子之后仍然保持着少女时代的纯真和幻想，仍然保持着那份对生活的敏感和热爱。并非不食人间烟火，将自己禁锢在单一的幻想之中；并非在生活中渐渐消沉，丧失掉生命的光泽和质感；并非受尽了娇宠和溺爱，无忧无虑无须担忧任何家事……林徽因用一颗水晶般的心、用一份透明的心态过着与所有已婚女人相似的生活，所以，她的生活才会如此多彩、如此不同。

无论多么忙碌，林徽因都不曾放弃过自己的爱好，诗歌、建筑艺术、音乐和绘画时刻点缀着她的生活，丰富着她的精神世界。她能够发现生活中随处的美丽之处，并运用她天生的敏感和想象创造出更多的美丽。在文艺的世界里，林徽因似乎很少能看到灰暗的东西，而沉浸在家务琐事中，她却时常感觉到悲凉。写作于她而言，是生活中最美好的时刻，若是因为家务而冷落了写作，她的心中就会感到内疚，而若是相反，那感觉便也相反。

直到与林徽因接触得更深，费慰梅才发现，这位女子的精神世界并非看上去那么坚固，她也有许多渴望的事情，只是为了家庭，她不得不暂时将那些念头压缩在角落里，任它们委屈地哭泣或呐喊。她深爱着的文学、艺术、建筑……都从未从她的心中消失过，而她那种天生的、不懂得拒绝的善良，将她一点点逼进了死胡同里。周围人对她的依赖，让她身上的担子越来越重，不仅要处理家中的事务，渐渐地，连邻居的事情都需要她帮忙处理。整日的忙碌让她难以有一丝自己的时间，难以有片刻的喘息。于是，她越来越累，越陷越深，越来越无法停止这样的恶性循环。

在这样的生活里，唯一能够让她感到放松的事情只有写作。她会在听音乐时突然想到许多美好的、令她感动的场景和事物，也会在观看某一幅画作之时突然联想到画中的寓意，当心中的感受和构思如泉涌一般无法抑制时，她便会将它们写成诗。看着那些美好的诗句从她的笔下流淌出来，落于纸上，她的心，便也畅游在那片宽广的、散发着墨香的海洋里了。

钟爱一生

有一种深爱，叫作守候。它不声不响，静默于角落。日子久了，成为一种近乎信仰的情感，不纠缠，不苛求，只是默默关注着那个牵动着自己心弦的人。到了黄昏时分，伴着柔软的光线，含笑打捞一点岁月的感动 ，或是伸出颤抖的手，轻轻剥落记忆里安然多年的青苔。

民国烟雨中，诞生了许多传奇女子的故事。而历史打在林徽因身上的镁光灯，并非因为她站在某一个男人的身后。相反，因为她的光芒，反而照亮了她生命中重要的三个男人。

相对比于徐志摩的浪漫、梁思成的宽和，金岳霖对于林徽因的情感更加温暖，也更加恒久。世间少有不求回报的爱情，可在金岳霖的一生里，却结结实实地演绎了一回如此执着的深情。

在清华园中，金岳霖是非常知名的人物，堪称学界泰斗。并且，他曾经与其他两位孙姓教授被并称为 “清华三荪”，都是最热门的黄金单身汉。不过，天涯芳草，他却唯独中意优雅灵动的女子林徽因。一见倾情，他心中再也走不进其他女子的身影。

在林徽因和梁思成夫妇家里的沙龙聚会上，金岳霖始终是座上常客。尽管有一位知名女作家讽刺过“太太的客厅”，可也只是被人一笑置之，视作了“山西的老陈醋”。

沙龙中，林徽因经常侃侃而谈，举手投足间，风华绝代，看痴了客厅里的学界精英们。作为最忠实的支持者，林徽因的身影在哪里，金岳霖永远默默陪伴在哪里。他的爱，超越了激情与占有，成为似水流年里最温暖的守候。

对于金岳霖的爱护，徽因是完全感知得到的。世间女子，几人能有如此的幸运，得到这样静水深流的爱。见惯了众星捧月，听惯了奉承美言，金岳霖的沉默反而打动了林徽因。

1931年，林徽因在香山静养。有一天，梁思成从外地回来，林徽因突然很沮丧地告诉他：“我苦恼极了，因为我同时爱上了两个人，不知道怎么办才好……”

寻常家庭里，妻子如此的表述一定是平地惊雷。徽因敢与自己的丈夫这样坦率，也恰恰说明两人关系的平等与开明。梁思成听完这句话，没有表现出愤怒，甚至没有惊讶。他没有说一句话，只是沉默，一夜未眠。第二天，他对林徽因说：“你是自由的，如果你选择了老金，我祝愿你们永远幸福。”

听了这样的回答，林徽因只觉得自己如此幸运。两个男人，都是胸怀广阔。不过，她也暗下决心，自己要斩断那刚刚萌发的情思，专情于自己的丈夫，守护自己的家庭。

后来，她将梁思成的回答原话讲给金岳霖听，金岳霖慨叹：“看来思成是真正爱你的，我不能去伤害一个真正爱你的人。我应该退出。”

从此以后，三人终生为友。有时林徽因与梁思成闹了矛盾，也是金岳霖来做仲裁。

梁思成与林徽因一直致力于研究古建筑，有一段时间，两人时常在屋顶上上下下，为了精确读取数据。看着满头大汗的两个人，金岳霖觉得甚是有趣，于是灵机一动，编了一副非常知名的对联：梁上君子，林下美人。

短短八个字，却形容得非常恰当。梁思成听了很认同，得意扬扬地说：“我就是要做‘梁上君子’，不然我怎么才能打开一条新的研究道路，岂不是纸上谈兵了吗？”调皮的林徽因则撇了撇嘴：“真讨厌，什么美人不美人，好像一个女人没有什么可做似的。我还有好些事要做呢！”说完，三个人相视而笑。

爱情里，林徽因的独特，让她通常做了不可替代的那一个。当时，论才华、论容貌、论眼界、论家教、论颖悟，林徽因都是佼佼者，而结合了如此多的优点，便使寻常女子难以望其项背。

后来的岁月里，金岳霖始终默默地陪在林徽因的身边。从未深情相拥，但只要看到她的一颦一笑，便已足够。在写给费慰梅的信里，他时常提到林徽因，丝毫不避讳欣赏之情：“她仍然是那么迷人、活泼、富于表情和光彩照人——我简直想不出更多的话来形容她。唯一的区别是她不再有很多机会滔滔不绝地讲话和笑，因为在国家目前的情况下实在没有多少可以讲述和欢笑的。”

没有回应的爱情，燃烧时璀璨夺目，却往往保鲜期短暂，落得一地凄凉。执着如金岳霖，尽管知道注定是无谓的等待，竟然终生未娶，可见用情至深。

后来，林徽因身体逐渐不支，卧榻不起。香消玉殒的那一天，他在一瞬间仿佛也丢失了自己的灵魂。适逢一个学生走进他的办公室，看见沉默地坐在那里的金岳霖，仿佛忽然间老了十岁，半晌，才低低地说：“林徽因走了！”语毕，如孩童般号啕大哭，完全忘记了周遭的环境、自己的身份，和这世上的种种。

许久之后，他才收起了眼泪，但仍是呆呆地坐在那里一语不发。他为此生最爱的林徽因，写下了一副知名的挽联：

一身诗意千寻瀑，

万古人间四月天。

伊人已逝，可他的心，也随同她的肉身，一起入土。

多年后的一天，金岳霖邀请一众朋友到著名的北京饭店赴宴，没说任何理由。聚在一起后，有人随意问道：“今天是什么特别的日子？”金岳霖缓缓站起来，说：“今天是徽因的生日。”

席间众人无不动容。虽然早已过了怦然心动的年纪，但此时望着这位终身未娶的老者，他们甚至不曾执手一天，没有海誓山盟，没有花前月下，可就凭着那深深的痴恋，竟然让他在物是人非后还记挂着林徽因的生日。如此深情，可歌可泣。

后来，也有人试图从金岳霖的嘴里套出些内幕，想知道林徽因是否对金岳霖有过真情的回应。这位老人听了只是微笑，不言不语。后来他说："我所有的话，都应该同她自己说，我不能说，"他停了一下，"我没有机会同她自己说的话，我不愿意说，也不愿意有这种话。"说完，便缓缓地闭上眼睛，陷入沉默。

梁思成离世后，晚年的金岳霖和林徽因的儿子一家住在一起，他们亲切地喊他"金爸"。或许他们都明白，这个老先生用最深厚的情感爱了他们的母亲一生一世，所以亦值得他们去真心相待。

生命走到夕阳的时候，当白发苍苍的金岳霖躺在病榻上，一个朋友带来了一张林徽因当年的旧照。他的精神忽然好了起来，只是情绪有些不安，像是要哭的样子，喉咙微微颤动，好像有千言万语要说，却又不知从何说起。他用布满皱纹的手，紧紧捏着照片，眼睛放出温柔的光，看了许久，才抬起头来，像个孩子一样说："给我吧！"

思念是一场更加冗长的等待。或许只有到了另一个世界，他才能再次与她相对，再度三人饮茶聊天，谈笑风生。

此情只应天上有，今闻竟然在世间。做女人当如林徽因，集才情与智慧于一身，做情人当如金岳霖，可以不言不语，至死不渝。原来，所谓"你若安好，便是晴天"，更像是在细诉金老先生的一世深情。

第七章

时代旋涡：

俯瞰人生的缪斯

心向自由

对于远行的人而言，家的气味总会散发着巨大的吸引力，让人魂牵梦萦。家能够给予人的幸福，不同于事业上的满足感，那是温和的、舒适的、安稳的。无论走出多远，只要想到家中的妻儿，想到家中可口的饭菜，男人的心中便会涌起一丝说不清的温情。而对于整日被家庭所负累，不得不整日囚禁于家中的女人来说，家庭便是另一种意义了。对那些受尽了封建思想和教育摧残，只懂得三从四德的女人而言，丈夫是天，相夫教子就是她们生活的全部意义，而对于那些接受过西方教育、对民主自由有所了解的新时代女性而言，家便成了束缚她们行走的脚镣。她们并非不热爱家庭、不喜欢家务，可若是让她们放弃自己的梦想和爱好，整日围着家中的事务转个不停，那便如坐牢一般的痛苦。

虽然那段日子里，林徽因在文学和建筑设计上都有一些成就，可是只有她自己才清楚，她要经历多少精神上的折磨才能将这些成就完成。她创作那些小说和诗歌的时候，往往创作的兴致正浓，孩子的啼哭便打乱了她的思绪，她不得不将孩子抱过来，耐心地哄着他、拍着他，直到他安稳地睡去，她才能够回到桌前。而此时，之前的那些思绪早已飘得无影无踪，再想要寻，已经寻不到了。

有时，梁家与林家的亲戚们前来拜访后会留宿，这些日子里，林徽因便更是不得闲。林徽因是林家的长女，梁思成是梁家的长子，梁思成不在的时候，弟妹们的吃住自然都要由她安排妥当。为了方便弟妹们的住宿，她不得不绘制了一张床铺图，将每一张房间共有几张床铺，每一张床铺都要让谁睡下一一列好，然后准备好每个人的铺盖，以及第二天起床后的早点。

所有事情里，最让林徽因伤神伤情的就是孩子生病。孩子病在其身，母亲痛在其心，日日煎熬，不得松懈。再冰曾记得，她儿时某一次生病时，林徽因为了照顾她，让她与自己住在同一间房里。由于大夫嘱咐过，再冰口渴时不可以多饮水，林徽因便将一勺水分多次小心地喂给她喝。到了夜里，林徽因虽然打算让再冰自己饮水，将小茶壶放在了再冰的床头，却仍是一夜未睡。每当再冰醒来，想要饮水的时候，林徽因都会小心地观察，生怕她出意外。

林徽因曾经对费慰梅讲："当我在做那些家务琐事的时候，总是觉得很悲凉，因为我冷落了某个地方，某些我虽不认识，对于我却更有意义和重要的人们。这样我总是匆匆干完手头的活，以便回去同别人‘谈话’，并常常因为手上的活老干不完，或老是不断增加而变得很不耐烦。这样我就总是不善于家务，因为我总是心不在焉，心里诅咒手头的活(尽管我也可以从中取乐并且干得非常出色)。另一方面，如果我真的在写作或做类似的事，而同时意识到我正在忽视自己的家，便一点也不感到内疚，事实上我会觉得快乐和明智，因为做了更值得做的事。只有在我的孩子看来生了病或体重减轻时我才会感到不安，半夜醒来会想，我这么做究竟是对还是不对。”

费慰梅来自西方，她知道，林徽因虽然是中国人，然而从小受到的西方教育和多年的国外留学生涯早已改变了她的心，使她成了一位有着西方思想的中国人。“林徽因当然是过渡一代的一员，对约定俗成的限制是反抗的……可是此刻在家里一切都像要使她铩羽而归……她实际上是这十个人的囚犯……”在提及好友当时生活的时候，费慰梅曾惋惜地这样说。正是因为不忍林徽因在生活的琐事中失去灵性，担心她越来越消沉，费慰梅才会拉她出去骑马，带她放松。

有一次，费慰梅见林徽因的面上带有深深的失落之情，便将她从家中拉出去，带她去郊外骑马。那是一段不一样的体验，与之前的琴棋书画不同，骑在马上的感觉是一种释放、一种自由。马背上的林徽因第一次感受到了什么是洒脱、什么是奔放。她爱上了这种感觉，于是，她爱上了骑马，还特意买了马鞍和马裤。费慰梅的丈夫也是位美国人，他热爱骑马，马术一流，有美利坚骑士之称，然而当他见到马背上的林徽因时，他的心被震了一下，他没想到这样一位看上去柔弱的女子竟然能在马背上呈现出另一种英姿，那是一种不亚于任何一位专业骑士的帅气英姿。

马背上的林徽因仿佛变成了另一个人，此时的她不是两个孩子的母亲，不是需要整日打理家庭事务的太太，不是那个写得出柔美文字的娇柔女子，也不是那个趴在绘图桌上小心谨慎、一丝不苟的建筑家。一切束缚都没有了，她像是落入凡间的精灵，像是古代战场上的骑士，那份飒爽的英姿，让见到的人都为之赞叹。

骑在马上，感受着骏马奔驰时带起的风，那些沉重的、喧嚣的琐事，都被抛到了身后远远的地方。那是自由，是的，一种天地任我驰骋的自由。无须坐在院墙中，看着上方一块四方形的天叹气，无须在各种生活的琐事中苦苦地挣扎，她的心，仿佛又活过来了。

灰色院墙之外的世界如此美好，满目都是充满生机的绿色，郁郁葱葱的庄稼、翠绿的青草，就那样铺了一地，一直铺到山脚下。山上生长着参差的树木，有高，有矮，有粗，有细。蓝色的天空中飘着棉絮般的云朵，仿佛印在蓝色长袍上的祥云，那么美、那么和谐。脚下平整的路面，让马儿和骑在马上的人都心情大好。手中的缰绳一松一紧之间，马儿已经跑出好远，好远。

费慰梅并不知道，这段经历对于林徽因产生过怎样的影响，也从未意识到，自己会给予林徽因一种始料不及的感动。见到好友精神变好，她只是心生喜悦，并没有想过其他，更不知道好友的心中在回荡着怎样的思绪。直到她回国后，收到林徽因的信，她才知道林徽因当时真正的想法，原来，这位朋友并没有自己看到的那么坚强、那么从容淡定，家庭中各种沉重的负担早已将她压迫得气喘吁吁，而她却还在努力地支撑着，让自己过得更好。

林徽因在信中写道："……自从你们两人在我们周围出现，并把新的活力和对生活、未来的憧憬分给我以来，我已变得年轻活泼和精神抖擞得多了……想一想假如没有这一切，我怎么能够经得住我们频繁的民族危机所带来的所有的激动、慌乱和忧郁……"原来，她并非真的不曾忧虑、不曾忧愁，她只是努力将那些忧虑和忧愁融化了，用她的坚持和坚韧，用她那纯净如水晶一般的心将它们一一过滤，才会留给人们永远平静淡定的表情。

这一切，在外考察的梁思成自然是不知道的。他自然想念家中的人，想念贤淑聪慧的妻子、聪明乖巧的女儿和未满周岁的儿子。考察一结束，他就马上回到了家。在外奔波了数日，此时他最想做的，便是洗尽身上的灰尘和疲惫，然后安安稳稳地坐在家中，陪一陪最惦念的家人，聊一聊数日来的见闻，在沁心的茶香中好好感受家的温暖和舒适。

终于等到丈夫回来，林徽因的心也是喜悦的，梁思成向她讲述的那些见闻让她听过之后对他去过的地方格外向往，她十分想知道，在那些荒村野岭之中，究竟如何能藏有如此之多的珍宝，它们如今又是以怎样的方式存在着。虽然手中捧着详细的测绘资料和照片，可是对她来说仍需要去亲身体验、考察一番，否则，便不足以感受到那些珍宝的精髓所在。

她不愿整日将自己锁在家中，对照着书本上的文字和图片去进行设计，她想要的，是亲身的体验，是真实的触碰。闭门造车不是她想要的，她越发想要出去，走到院墙之外，去那些偏僻的地方，感受那些古代建筑的魅力。每一座建筑中都住着一个灵魂，而她要做的，就是找到那个灵魂，与它沟通，让它将这座建筑最神奇、最精妙之处告诉自己。

林徽因与梁思成谈起她想要与他一同出门的想法，有妻子陪伴，梁思成自然高兴，却难以放心下家中的老小，直到从诫一周岁后，他才下了决心，让林徽因与他同行。即将到来的出行让林徽因感到非常兴奋，她与梁思成跑遍了北京的各大图书馆，阅读了不少与建筑以及当地历史、地理等方面的有关著作，制订了详细的出行计划，最后，他们决定将山西作为此次出行的目的地。

出行前，林徽因看着儿子肉嘟嘟的小手向她挥舞着，嘴里咿咿呀呀地喊着，心里突然涌上了一丝不舍，她真心舍不得离开可爱的儿子和女儿。可是，对自由和事业的向往还是促使她迈出了家门。

古迹的现代追问

林徽因与梁思成踏上了探访古迹的路途。和他们一起上路的，还有其他来自营造学社的成员。他们每人都带着一包测量时必备的工具以及一些野外住宿时需要用到的东西，比如吊床、罐头等。包里还装了一些简陋却很好用的小工具，那些工具都是这些经常外出考察的人根据自己的经验制作或改造的。

未知的地域正在等待着他们的光临，那里真实的环境和条件是怎样的，他们并不清楚。书籍上的记载距离他们前往的日子已经有上百年了，在这么长的时间里，那里是否会发生一些变化，是否早已不是他们期待中的样子，他们全然不知。他们只期待能够在那片荒凉的土地上看到令人震惊的美、看到古人的智慧结晶，那么便不虚此行了。

自从加入营造学社，梁思成便时常带队外出考察，每次考察都要两三个月之久。对于他而言，外出考察已经成为他生活中的一部分，他早已习惯了。而对于林徽因而言，这是件新鲜事。在沈阳，她曾多次和梁思成一起外出，测绘周围的建筑，即使在她怀孕的时候都没有停下来，而回到了北京，她的生活几乎就被那座灰墙的院子局限住了。远离外面的世界太久，当孩子的提问、佣人们的请教和母亲的唠叨突然之间从耳边消失后，她感到了无比的轻松。

此次山西之行，林徽因和梁思成打算先去大同，考察那里著名的云冈石窟，然后再从大同去应县，考察那里让梁思成惦念已久的辽代木塔。他们并不担心探访古迹的过程中会遭到政府或居民的阻碍，营造学社的社长朱启钤已经与当地的政府和军队取得了联系，请他们对前去考察的人员给予帮助和照顾。对林徽因和梁思成而言，这是莫大的帮助，否则，他们还不一定会遇到怎样的对待，或许会受到当地人们的阻拦，被当作图谋不轨的人驱逐出去，甚至会遭到毒打或其他伤害。他在《清式营造则例》的序言中特向营造学社的社长朱启钤表示谢意："若没有先生给我研究的机会和便利，并将他多年收集的许多材料供我采用，这书的完成即使幸能实现，恐也要推延到许多年月以后。"

他们唯一的担忧，便是那些始料不及的变化，若是那书上所记载的建筑已经在岁月之中变成一片废墟，若是那曾有的巨大工艺品只剩下几块碎片，他们一定会大失所望，心痛万分。即使不是碎片，而是后人们按照原有的样子重新搭建的赝品，那么他们此次之行也就前功尽弃了。

一路上，林徽因看到窗外透明的蓝天和流动着的白云，心中感到十分新鲜，她兴奋极了。“天是透明的蓝，白云更流动得使人可以忘记很多的事，更不用说到那山山水水、小堡垒、村落，反映着夕阳的一角庙、一座塔！景物美得使人心慌心痛。”她在本子上这样记录道。而车站广场上聚集的成百上千头骆驼也让林徽因着了迷。她望着这些身材高大的家伙，想着它们行走在大漠中时稳健的脚步，以及那映在沙漠上孤单悲壮的身影，耳边仿佛响起了悠远而厚重的驼铃声。

梁思成却无心欣赏这一切，他的心一直悬着，他的不安主要来自于那辽代的木塔。八九百年过去了，暴风的摧毁、骤雨的侵蚀、战争的混乱……太多不确定的因素都可能毁掉一件稀世的艺术品，何况那只是一座木制的塔。林徽因自然懂他的担忧，可是她却无法劝慰他。

梁思成那颗悬着的心，在收到山西省应县白云斋照相馆寄来的照片后，终于落了地。照片上的木塔正是那座建于辽代的木塔，这让他兴奋极了。他恨不得立即赶到那座塔前，将它仔仔细细地测量个明白，可是在这之前，他们还有其他的事情要做，他只得按捺下兴奋和激动的心情，静静地等待着。

在大同，林徽因和梁思成没有找到可以投宿的地方，幸而他们遇到了大学时期的同学李景熙，这才有了落脚之处。白天，他们出去测量和考察周围的古建筑，晚上，便回到李景熙的家中绘制建筑图，偶尔也会与老同学聊上一小会儿。

当林徽因站在那些完全由人工开凿的山洞面前时，她整个人都惊呆了。第一次，这是她第一次见到如此完美精细的纯人工打造的山洞，也是她第一次见到如此之多雕刻精细的佛像。她是心思细腻的人，对于细节自然格外重视，无论在编写书籍的时候，还是进行设计的时候，她都在那些细节方面下了不少功夫。面前的这些大佛，虽然体积庞大，却无论从面貌还是身体各个部位，都精致得无以言表。那应是项多么辛苦的工程！想到那些为了艺术而献身的雕刻者们，林徽因的眼睛湿润了，强烈的情感冲击得她不由得掩面而泣。

他们在云冈石窟花了三天的时间进行描绘和拓印，之后又去考察了巨刹华严寺和善化寺。那些建于辽、金时代的寺庙让林徽因的心中涌起了无比的激动和感慨。那些屋檐和斗拱是那样的厚重，让人一眼看上去就能够感受到庄重的气氛，相比那些样貌看上去没有太大出入，却总是缺少一些厚重感和力度的清朝的寺庙，这些寺庙所带给她的是一种完全不一样的感受，她的心，被这些封存了数百年的古代寺庙所打动了。

应县之行，林徽因没能同梁思成一起前往。虽然出发前打算同行，可是考虑到林徽因的身体，梁思成最后还是决定，让她先行回家。临时的变化让林徽因感到心有不甘，但梁思成毕竟是为她考虑，而且离家这么久，她也确实挂念家中的孩子和母亲，于是她同意了梁思成的安排，独自回到了北京。回京前，她也央求梁思成答应她，时常写信回家，让她知道考察的进展。

回京后不久，林徽因果然收到了梁思成的来信，他在信中说，后悔让林徽因早些回家，没有她在，他们的工作有许多地方进展得都不够顺利。林徽因自然明白他的意思，她也在他们回京后，从同行的人口中听说了测量有多么危险，但是梁思成还是坚持爬到了塔的最顶端，测量出了塔的具体数据。心思如她，若是事先知道了，定要担心，可若是她也在，想必也是要努力向上爬的，那种不放弃的心，便是他们夫妇二人能够一直在工作生活上都有着强大默契的源泉。梁思成曾说，他不能不感谢林徽因，她一直在以伟大的自我牺牲来支持他。他还在《清式营造则例》一书的序中写道："内子林徽因在本书上为我分担的工作，除'绪论'外，自开始至脱稿以后数次的增修删改，在照片之摄制及选择、图版之分配上，我实指不出彼此分工区域，最后更精心校读增削。所以至少说她便是这书一半的著者才对。"

那样一个身体柔弱的女子，在外出考察的过程中，展现给大家的是一个完全不同的形象，她坚韧、勇敢、刻苦、刚毅。在她身上，再也看不出江南水乡的柔美，再也看不出优雅高贵的气质，再也感受不到斯文的书卷气。只有当她看着手中的数据，满足地微笑时，人们才能在她的面容上再次看到曾经熟悉的模样。

考察古迹的路是艰难的，林徽因却从未害怕过，也从未有过一丝退缩。之后的几年里，她又多次和梁思成去野外考察，每一次，她都清新亮丽地出门，每一次，她都风尘仆仆地回家。在那些崎岖的山路上，她与他们一同牵着骡子缓缓地前行；在那些高高的大殿梁架之上，她与他们一样拨开厚厚的蝙蝠和臭虫，去辨认那些刻在梁上的字迹。她一路跟随着梁思成，走遍了祖国的江山，踏访了无数荒无人烟的地域，测量了无数古塔、寺庙、楼宇……记录了无数的数据，绘制了无数张图纸。

她那敏锐的感受和观察力，令普通的考察都增添了不少的意外之喜。考察佛光寺时，人们正苦于无法确定这座寺庙的年代，她却留意到了梁上有字，并从字迹中发现了寺庙建成的时间；在经过榆次的列车上，她无意中感到车窗外掠过的雨花宫有些特别，提出要去那里考察，才使人们考察到了雨花宫的建造时间，确定了它在建筑史中的特殊地位。

通常，一位建筑家的思维往往是严谨的，性格往往是稳重的，他们的头脑充满理性，却缺乏随时随地发现美的眼睛。林徽因则不同，她既是一位建筑家，也是一位诗人，她在建筑学中注入了人文色彩，让那些建筑不再死板无趣，而是变得更加柔和、更加有美感，她有关“建筑意”的提议也使建筑学更加富有亲和力，更加生动多彩。她用她天生的灵性为那些冰冷默然的建筑赋予了诗意和温度，认为“无论哪一个巍峨的古城楼，或一角倾颓的殿基的灵魂里，无形中都在诉说，乃至于歌唱，时间上漫不可信的变迁；由温雅的儿女佳话，到流血成河的杀戮。”于是，她设计的建筑中，才会流动着一股感性与理性的完美结合，她的建筑论文中，才会涌动着散文的风格。

激荡岁月里

为了尽可能多地考察到那些珍贵的古代建筑，梁思成和林徽因在祖国各地之间不停地奔走。一年里，他们在家中停留的时间非常少，往往刚刚回到家中休息数日，便又带好了设备和行李，去了另一处地方。有时，他们会同去一个地方，有时，梁思成也会独自出门，留下林徽因在家中照料家事。

对应县木塔的考察使梁思成养成了在出发考察前先向当地邮政局索要古代建筑照片的习惯。他认为，这是一种非常好的办法，既节省了时间，又可以足不出户地了解到当地古代建筑的现状，以免徒劳往返。

1934年的春节，梁家北京的宅院里呈现出少有的热闹。梁思成和林徽因都回来了，看着装点一新的院子，想想去年一年来自己都很少在家中陪伴家人，他们的心中多少浮起了一丝悔疚。转眼间，孩子们都长大了，从诫已经学会叫爸爸妈妈，再冰更加漂亮了。孩子们的成长让身为父母的他们也感受到了一种浓浓的喜悦，那是只有为人父母才能体会得到的喜悦。在鞭炮声中，新的一年开始了，林徽因本计划在这个夏天多陪伴孩子们一段时间，带他们去北戴河避暑，却不想一个来自好友的邀请让她改变了计划。

1934年8月，梁思成、林徽因、费正清和费慰梅相聚在山西汾阳一带亚瑟·哈默博士的磨坊，在那里，他们开始了对当地古代建筑的研究。幽静的山谷里流淌着清澈的溪水，那轻风抚过溪水带起的清凉，以及生长得十分茂盛的杨树下斑驳的树荫，都让四人的身心感到无比舒畅。每一天，他们四人就在这世外桃源般的山谷中一起吃饭，一起休息，一起做研究。费正清和费慰梅夫妇还带来了中文课本和作业，利用有限的时间复习他们的功课。

在考察古代建筑的过程中，他们的分工很明确，林徽因负责抄录寺庙上的重要碑文，起草野外考察报告，并将写好的报告发给《汇刊》；梁思成负责拟制考察计划，为建筑拍照并做好详细的记录；费正清和费慰梅在梁思成和林徽因的培训下，渐渐对测量等工作熟悉起来，于是他们负责对建筑进行测量。

考察进行得很顺利，正当他们准备向汾水下游前进时，阎锡山已经开始对汾水东岸的公路进行改造，目的是阻挡南来的蒋介石的军队。山谷中的偏僻和闭塞使梁思成和林徽因等人在很久之后才得知公路被改造的消息，然而这并未阻挡他们前进的脚步，他们带上临时住宿需要用的行李，改变了路线，从一条土路向汾水下游前进。一路上，他们寄居过寺庙、住过旅店，也在门楼中短暂留宿过。当他们到达霍州时，一对好心的传教士夫妇热心地接待了他们。那些有趣的寺庙早已被士兵们占据了，他们只得在霍州城内考察了一些简单和相对重要的寺庙，谢过这对善良的夫妇便离开了。

但是，在他们历经许多磨难到达了赵州城后，却并没有发现值得他们兴奋的建筑。在考察过霍山山脉南端的上下广胜寺后，他们踏上了返回峪道河的旅途。经过一连串的长途跋涉，林徽因的身体显然有点吃不消了，而梁思成由于身体行动不算太方便，也准备回去了。两对夫妇就这样告别了彼此，留下了一段美好的记忆。

之后的日子里，林徽因和梁思成继续着他们的考察和整理。也许是因为太过辛劳，林徽因的肺结核又一次犯病了。当她犯病住进了协和医院的病房里时，梁思成还在为了修缮北京的众多寺庙高塔而忙碌着。大夫要求林徽因卧床休息三年，而对于林徽因而言，要将三年的时间浪费在医院中，那实在是一件难以忍受的事情。她与大夫谈条件，希望将休息的时间缩短为六个月，至于之后的日子，她可以将一位专业的护士请到家中照顾她的身体，这样即使她不能够去野外考察，至少还可以在家中安心写作。

1935年，日军的入侵迫使那些设立在北京的国立大学不得不准备向南迁移。迁移的同时，那些收藏在学校图书馆里的重要图书和科学仪器也都被运送到了安全的地方。营造学社虽然只是一个学术团体，但学社中所藏有的那些文献和记录却都是无比珍贵的，梁思成意识到这一点，于是他组织学社的职员们一起将这些文献和记录打包，转移到安全的地方。文件的数量多得惊人，梁思成加入营造学社的这几年里，已经带领他的团队整理并收录了太多的资料，如今想要将它们整理打包，确实花费了不少的时间。就在他组织职员们打包学社的资料时，林徽因则在家中忙碌地整理着，她将家中的各种物品一样样搜寻出来，分门别类地整理好，一些无用的东西被她烧掉或扔掉了，而另一些多余的则被她卖掉或者送给了别人。

同年年末，天津《大公报》被日本人下令无限期停刊，取而代之的是联合亚洲先驱报。这份报纸得知林徽因文采出众，邀请她专门为报纸的文艺副刊提供稿件。这让林徽因感到十分气愤，她拒绝了报社的邀请，而梁思成则把那份邀请函扔进了熊熊的火炉中。邀请函在火炉中很快变成了灰烬，渐渐消失在炉火中。

1935年12月9日，“一二·九”爱国学生运动爆发了，梁家和林家的一些年轻人也参加了游行。在这次游行中，林徽因的弟弟林恒失踪了，林徽因紧张得彻夜未眠，梁思成也急切地四处寻找，终于在第二天找到了身受重伤的林恒。所幸，林恒的伤势并没有给他留下什么后遗症，只是他因此从清华退学，报考了航空学校。梁思成的小妹妹梁思懿因为带领学生游行，被列入了追捕人员的名单，林徽因为了保证她的安全，将她乔妆后送去了武汉。

1935年到1937年之间，生活仿佛稍微平静了一些，然而这种平静就好像暴风雨之前的宁静，好像在底部打着漩涡，表面却看不出丝毫的海面。梁家没有搬走，仍然留在北京度过了安静的两年，梁思成与林徽因的生活也似乎没有发生太大的变化，随着弟弟妹妹们平安信息的传来，他们二人的心也稍稍放下了，转身又投入到了忙碌而艰辛的考察工作中。

1937年7月7日，“七·七卢沟桥事变”发生了。随后，“日军猛烈进攻我平郊据点”的消息登上了国内各大报纸的头条。当时，林徽因和梁思成正在山西一带进行野外考察，由于公路被水淹了，所以当报纸送到他们二人手中时，事情已经发生了好几天。

想到家中的老老小小，林徽因和梁思成不敢耽搁，马上收拾好东西赶回北京。一些路已经被日本兵和傀儡军队封锁了，他们不能走正常的路线回京，只好沿北路不停绕行，有时甚至要徒步而行。一路上，他们一边躲避日本兵和傀儡军队，一边思考回京后需要做的事情。为了节省时间，他们必须现在就计划好回家后向哪里转移、什么时候开始转移，以及哪些是必须带走的物品。

在那个岁月里，每一次逃亡都是一场冒险，幸好之前林徽因早已将家中的物品打包分类妥当，回到家后，他们没有花费太多的时间来整理物品，便可以准备离开了。至于将要前往的地方，他们选择了云南昆明。

与时间赛跑

每一场战争的背后，都有着无数无辜的牺牲。古代的那些建筑，无论做工如何精美、设计多么完善、材质多么坚固，都难以在一次次的战乱中得以保全。战火轰鸣中，一处处房屋、一间间庙宇、一座座古塔，就那样倒了下去，它们心有不甘，却无法自保，也不能随着人群一起逃离那危险的硝烟四起之地。每一次战争结束后，都会有许多珍贵的建筑或变得支离破碎，只剩断瓦残垣，难以有几座幸免于难。多少古代智慧和创意的结晶，就在一次次的战争中变成了灰烬。

几年前的“九一八事变”开始让整个中国都陷入了一场危机之中，首当其冲的便是华北地区。那时起，林徽因便凭着自己天生的敏锐直觉感觉到或许在不久的将来会有一场动乱，她那想要尽快完成华北一带野外考察的念头便更加强烈了。她与梁思成商量后，两人便制订了紧密的计划，那计划近似疯狂，不给自己留有一点的余地。他们脚步匆匆，从一处到另一处，几乎连家都没怎么回过。如今，这预感果然应验了。一家人不得不放弃了居住多年的北京梁宅，不得不放弃了安定有序的生活，一起逃离北京。

每次考察，他们的行程都非常紧张，他们在不同的地区重复着相同的流程，勘察，测量，记录，拍照，绘图。这些事情将他们的生活填充得满满的，没有时间去浪漫，没有时间去谈情调，更没有时间去观光。每当完成对一处建筑的测绘，他们的心中都会暂时生出一股满足感，而那满足感很快便被接连而来的任务的急迫取代了。就这样，他们一直忙碌着，直到不得不全家收拾行装，离开北京。

炮声越来越近，交通被阻断了，物价开始疯涨，北京城内人心惶惶，曾经让人感到安定骄傲的北京城突然之间变成了一个不适合居住的地方。巨大的轰鸣声一波又一波在头顶响起，膏药模样的旗子一遍又一遍掠过人们的眼眸，令人们的心无比痛、无比慌。7月29日，日军攻破了北京城，热闹的街头瞬间变得冷清空荡。全城戒严，政府部门开始撤离，营造学社也不得不解散了。

离开的过程仍然很匆忙，日本当局为了控制局面，安定人心，下令组建一个日中友好协会，考虑到梁思成少年时期曾在日本留学，无论是在学识方面还是影响力方面都十分出众，日本当局打算让他负责组建协会的事宜。收到来自“东亚共荣协会”的请柬之后，梁思成十分气愤，以他的为人，绝对不可能为日本人工作，然而当面拒绝是不可能的，若是激怒了对方，不但自己，连家人都会面临前所未有的生命危险。于是，他一边拖延回复，一边加速了离开前的准备，他一定要在日本当局完全禁止他行动之前带着家人离开北京。

梁思成和林徽因的生活节奏瞬间被提速了。为了整理各种资料，他们越发顾不上休息，每天都忙到深夜才能入睡。离京前夜，他们将行李精简到不能再精简，装进了两个皮箱。第二天一早，天还没有大亮，他们便叫醒睡了尚在睡梦中的儿女和母亲，拿好行李，悄悄地离开了家。在这里居住了多年，林徽因早已将北京视作她的第二个故乡，如今不得不离它远去，她的心里有太多的不舍、太多的留恋。那些在野外考察的日子固然辛苦，可是一想到温暖的家中，有母亲和孩子的等待，她的心便安定了下来。这次一走，不知何时才能再次得到真正的安定，想到这里，她的心像被暴雨打湿的棉被，沉沉的、湿湿的，快要渗出水来。

9月，入秋，北京城。梁思成和林徽因带着一家人离开了北京，开始了逃亡之行。距离北京最近的天津是他们逃亡的第一站，在那里有一栋属于梁家的房子，房子位于意大利租界内，是梁启超在世时就存在的。房子共有两层，由石头和灰砖砌成，厨房、仓库、病房一应俱全。在这幢房子里，曾经居住过许多梁家的亲戚和朋友，如今，它成了梁思成一家人、金岳霖，以及两位清华大学教授的临时避难所。

梁思成小时候也在这里居住过，那时，他的弟弟思忠曾问父亲为什么要在通商口岸的外国租界里安家并建了图书室，梁启超的回答是：“别把私人的事情同国际事务搅在一起。除了我的家庭以外，我眼前主要关心的就是我的图书室。我需要我的书，我必须使它们保持能用的状态。比起放在可能被某些愤怒的学生不明智地放火烧掉的易燃的宫殿来，放在附近港口城市的外国租界里可能更安全些。而要使用这些书，我必须有时住在它们的旁边。”此时此刻，梁思成深深地体会到了父亲当时说这些话时的心情和用意。住在租界里，他们便可以避免日本人前来骚扰，可以暂时远离外面的纷乱，可以暂时专心处理他那些贵重的资料。

营造学社的一些珍贵资料此时还在梁思成的手中，这其中包括历年来古建筑考察的测绘图稿、照片、建筑模型，等等。这些都是社长在将学社解散后交付予梁思成的。梁思成深知这些资料的重要性，无论如何都要保证它们的安全，于是，他联系了天津的一家英国银行，向他们租了一个保险箱，用来存放这些贵重物品。将这些物品保管妥当，简单地整理了行李之后，他们便又匆忙动身了。

一路上，每一次的离开都是匆忙的，从天津到烟台，从烟台到潍坊，从潍坊到青岛，再到济南、郑州……最后到达长沙。他们就在拥挤的火车和摇晃的轮船之间穿梭着，从一辆车到另一辆车，从一艘船到另一艘船。一路上，他们从来没能轻松地呼吸过一口气。沿途到处是士兵和难民，满目都是破损的衣物、混乱的交通，以及向不同方向拥挤的人群。林徽因和梁思成紧紧地拉着孩子们的手，生怕他们在人群中被冲散。

整整一个月的颠簸使他们格外辛苦。年幼的孩子们第一次离开舒适安稳的家，就要接受如此多的难耐的考验，身为母亲的林徽因怎能不心疼？她将两个孩子紧紧地搂在怀中，用自己的心跳声安慰着这两个可怜的小人儿，却忽略了离开北京前，自己便已经被诊断出肺部有空洞的事实。梁思成担心着妻子，然而他自己的健康状况也并不乐观，在强烈的阳光下，身上那副为了对抗脊椎软组织硬化症而不得不穿上的铁架让他感到了无比的灼热，始终不得安宁。

几经周折，他们终于到达了长沙。在朋友的帮助下勉强找到一处住处，小小的屋子旁边就是火车站，随时都能听到火车发出的巨大的轰隆声。而再大的轰隆声都盖不过那响彻天空的、尖锐的突袭警报声。是的，到了长沙，也并非就安定了下来。战争仍然在继续，不时到访的空袭让生活充满了警惕和突然。每当空袭警报在头顶响起，他们就要马上放下一切事情，迅速躲进地下室、防空洞，或者附近大学的操场。渐渐地，这样的警报成了他们生活中的一部分。

来到长沙后，母亲生病，梁思成与之前的几位同事重新成立的营造学社还没有筹到经费，能否继续运营下去还是未知数，向“中美庚子赔款基金会”申请研究基金的事情也不知能否成功，这一切都让林徽因心中那片忧虑不断地囤积，越来越大，或许唯一能够让她感到欣慰的，就是孩子们仍然健康、仍然快乐吧。

10月的一天，多日的阴霾终于消散，林徽因看着窗外的蓝天，心情感到无比舒畅，自从来到长沙，很少能够有这样的天气和心情了，她打算去院子里晒一晒衣物和棉被。经过了那么多天的阴雨天气，衣物和棉被早已潮湿得快要拧得出水来，盖在身上也是冷冷的，让人不舒服。将衣物和棉被晒在院子里后，林徽因便在一旁的藤椅上躺下，想要享受一下这难得的阳光，就在这时，一阵巨大的轰鸣声打破了平静，随后，震耳欲聋的爆炸声在他们耳边响起，一声接着一声。

多日以来，他们早已习惯了空袭警报过后的平静，却从未想过空袭警报不曾响起的时候，恐怖竟然也会光临。来不及考虑为什么警报不曾响起，本能促使他们抱起孩子、拉起母亲，穿过炸弹爆炸冲起的气浪、穿过浓烟滚滚的街头，拼命地向临时的大学跑去。短短的几分钟，让他们真切地体会到了生与死的距离。

空袭结束后，暂时的家已经成为一片废墟。林徽因和梁思成在废墟中寻找了许久，才找到了一点点仅存的家当，就在前一天，他们还在因资金不够而考虑何时才可以迁去昆明，如今，他们彻底陷入了资金窘迫的地步。然而，他们前往昆明的决定却更加明确了。

第八章

美丽绝唱：

一身诗意千寻瀑

聚散两依依

分离总是令人不舍、不忍，每每想到要与朋友分别，林徽因的心中都是难过的，可是，难过又有什么办法？在那个战火连连的年代，在那个不知何时就会永远地闭上双眼、再也见不到这个美丽却波折的世界的年代，丰富的感情只是徒劳的。纵使拥有再多动人的情感，拥有再敏锐的直觉，也无法阻挡那些悲剧的到来，无法制止那些死伤的发生。在这样的环境中，感情用事毫无意义，优美的文字也毫无作用，所有人都在挣扎，在喘息，在努力寻求一个可以继续活下去的角落，没有人再有心思去关注那些精神上的美、那些心灵上的雅，以及那些如梦如幻的故事……人们脑海中盘旋着的唯一念头，便是如何才能活下去。

战乱中的别离更令人感伤，每一次再见，都可能成为永别，再也无法相见。然而离别的匆忙，让人无暇去在意那些感伤，匆匆一别，各奔东西，是否能再相见这样的念头只能留给日后的想念。林徽因，一个生来感情丰富、细腻的女子，在一回回磨难中，在一次次炮火声中，她渐渐变得沉默了，她收起透明的羽翼，生出一对坚强的翅膀，为一双儿女搭起一个简易的避风港。

逃亡的路上，林徽因早已失去了当初在学校教书时的优雅风姿，也失去了外出考察时的凝神专注，她不再光彩照人，身上的衣服也变得平实朴素，看上去只是一位为家庭操劳着的母亲。而她心中的那份情感却并没有泯灭，看到这个世界的悲伤和苦难，她仍会产生一些只属于她的情绪。她仍然会记录自己的经历和心情，仍然会为朋友的离开而伤感，也仍然会写一些带着忧伤的句子。她的心仍然敏感，却不再脆弱。

“在轰炸之前，我们仍旧一起聚餐，不是到饭馆去，而是享用我在那三间房子里的小炉子上的烹饪，在这三间房子里，我们实际上做着以前在整个北总布胡同三号做的一切事情。对于过去有许多笑话和叹息，但总的来说我们的情绪还很高。”从她当时写的日记中可以看出，有朋友在身边，她对生活仍然充满希望。她乐于在家中做饭，将朋友们邀请到家中一起用餐。有亲朋好友的地方，就是家，所有人聚在一起，像以往一样聊天、吃饭，就像战乱从来就没有发生过一样，这使她在混乱的世界里得到了一丝的安慰。

苦难中寻求的一点快乐并没有持续太久，他们最后还是决定离开，动身前往云南。离开前，林徽因在本子上写下这样的话：“我们已决定离开这里到云南去。我们的国家还没有健全到可以给我们分派积极的战时工作的程度，因此我们目前仍然是‘战时厌物’，因此干吗不躲得远远的给人腾地方？有一天那个地方（昆明）也会遭到轰炸，但我们眼前实在没有别的地方可去。”

在逃亡的过程中，他们一次又一次与熟悉的人相逢，再一次又一次与他们说再见，然后长时间失去音讯，有时，匆忙中，他们连一句告别的话都没来得及说，便分隔两地了。当初和他们一同离开天津的金岳霖因为要进行联合大学院系的组建，有一段时间没有与他们在一起，而是留在了距离长沙还有一段距离的南岳。那段时间里，关于梁思成和林徽因在长沙的情况，他总是知道得太晚，这让他心中很难过，也很担心。相识多年、相邻多年，梁家早已成为他的另一个家，梁家的每一个人也早已成了他的亲人。离开梁家后，他霎时间感到了强烈的孤独和落寞。当他再次回到长沙时，得知梁思成和林徽因失去了住所，只能借住在一位朋友家里，便立即邀请他们去长沙圣经学院与自己同住。

12月8日，梁思成和林徽因又一次踏上了逃亡的汽车，那汽车中，满满的都是人，他们挤在已经超载了的汽车中，思绪又回到了多年前。那时，他们还住在北京的宅子里，隔墙而居的金岳霖时常会到他们家串门，一坐就是好半天。其他的朋友们也经常会光临他们家，而如今，这些朋友，这些已被他们视为家人的朋友们，却不知身在何处。即使知道他们即将前往昆明，想要联系得上，那也非常困难。这样想着，林徽因的心中不禁又涌上一丝愁绪。她思念那些朋友，思念有他们相伴的日子，思念大家在一起为了理想共同努力的激情。

汽车缓缓地行驶着，窗外的景色缓缓地向后移动着。汽车行驶到沅陵时，林徽因记起沈从文曾在信中多次向她提及，希望她与梁思成去他的老家沅陵小住。与梁思成商量过后，他们便在此下了车，走进了这片美丽的湘西山水中。

林徽因与沈从文相识多年，最初相识因为欣赏他的文字，那一字一句中尽透着股清灵的感觉，和她内心向往的风格极为贴近。沈从文那些如诗如画的散文让林徽因每每去读，心中都流淌着感动。在后来的交流中，两人越来越熟悉，关系也越来越密切，林徽因曾在信中称他“沈二哥”，并将自己的一些小作随信寄去，请沈从文为她指点。如今，亲自踏上那一片沈从文自小生活的地方，她才真切地感受到，若不是生活在这样亲切自然的土地上，怕真的难以写得出那些清丽优美、悠然自得的文章。

山路上是带着货物去赶场的山民们，水路上是头顶帕子、身穿侗锦的苗女们。这样热闹的场景让林徽因感到十足的生活气息。那一位位穿着民族服饰的少数民族山民，那一担担、一篓篓、一船船的山货，那色彩鲜艳的山鸡、壮实的野猪和棕色的山麂，仿佛从书中走出的一般，让她更加钦佩沈从文的文学功底。两个孩子则想不到那么多，他们看看这边，看看那边，对什么都感到新鲜极了。

第一天，林徽因一家在官庄住了下来。秀丽的山水，让他们暂时忘却了战乱带去的忧伤和漂泊感，找回了战争爆发后内心少有的平静。林徽因不由得在写给沈从文的信中感慨："我说如果不是在这战期中时时心里负着一种悲伤哀愁的话，这旅行真是不知几世修来。"

冉冰和从诫兴致勃勃地跟着母亲去沈家拜访，听沈家的叔伯们讲从前的故事。沈从文此时并不在家，而在武昌，接待林徽因的是他的大哥和三弟。不知为何，一见到这兄弟俩，林徽因的心中就产生了一种莫名的亲切感，似乎她与他们早已相识多年。听他们讲着打仗时发生的事情，吃着他们家乡的特色菜肴，林徽因有些恍惚了，仿佛那些战乱早已过去，这里的安定生活才是他们正拥有的生活。

再美的相遇都要迎来分别。与沈家两兄弟的聊天非常愉快，不知不觉，太阳已经落了下去。玩了一天的从诫早已累得在林徽因的怀中睡着了，看着熟睡的孩子和渐渐暗下去的天色，林徽因和梁思成站起来，准备回去了。那山，那水，那人，都凝结成了他们二人心中一幅美丽的画卷，他们都知道，这一别，想要再见就难了。

告别了沈家，离开了这片世外桃源，林徽因和梁思成继续着他们的旅程。已经入冬了，寒冷的车厢内，林徽因和两个孩子冻得瑟瑟发抖，此时沿途的美景已经不能吸引他们了，他们只盼着快些到达一个可以取暖的地方，好让几乎快要冻僵的双腿缓一缓。夜晚，他们费了好大力气才找到一家可以休息的小店。经过一夜短暂的休息，他们又匆忙搭上了一辆南行的客车。想到几天后，就可以到达昆明，开始一段相对安静的生活，林徽因的心中又升起了一丝期望。那时她还不知道，自己的这份期望很快就要落空了。汽车在行驶到贵州附近时被征用了，除了空军学校的学生和机器，所有人都必须下车，至于什么时候会有其他的车辆送他们离开，则是未知数。

在陌生的地方等待着未知的际遇，林徽因又一次病倒了，这一病，就是两个星期。由支气管炎转化成的肺炎让林徽因的身体一下子虚弱了许多，若不是遇到一群好心的空军学员，又恰好遇到一位训练有素的女医生，她的病怕是没有那么快被治好，前往昆明的计划或许也只能中断在这里了。

萍水相逢的八名空军学员都来自沦陷区，离家已久，梁家人的到来让他们感受到了家庭的温暖，而梁家人也将他们视作自家的亲人一般对待。新的友谊就此结下，一直到他们成了正式的飞行员之后，这份情谊仍然在他们之间维系着，直至他们永远地消失在那片蓝天里。

随着林徽因身体的复原，再次出发的日子又一次到来。林徽因在信中写道："后来又有一个故事接着一个故事……关于坏了的汽车，意外的停留，投宿丑陋肮脏的小旅馆……不时还有一些好风景，使人看到它们更觉心疼不已。"在那些悲喜交加的日子里，在那次坎坷的旅途中，他们遇到了许多善良的人，一路的磨难没有消除他们心中的阳光，当他们终于踏上昆明的土地时，他们仍然相信，一切都会好起来的。

彩云之南

车子继续向前行驶，轰隆的水声在耳边响起，令人为之振奋。梁思成和林徽因知道，那声音来自著名的黄果树瀑布。飞流直下的水帘直击在石壁上，溅起水花无数，那洁白的水花在阳光下跳跃着，闪着光，让他们的心为之一振。他们想起梁启超生前曾告诫他们，失望和沮丧是人一生中最恐怖的敌人，此时，面前的这道水帘正是一种勇敢的体现，不由得，他们的心中也涌上了一股要让自己变得更加强大的念头。他们望着彼此，一同经历了风风雨雨，他们的心早已相通，仅仅凭着眼神的交流便能够读懂对方的心思。

原本预计的十几天的旅程在不断发生的变故中被一点点拉长，最后长达一个多月。他们并不是完全不曾有过悲伤和沮丧，也不是完全不曾有过担忧和疑虑，而此时，那些悲伤、沮丧、担忧和疑虑都远远地离开了他们，在轰隆的水声中，那些困扰着他们的阴影怕了、畏惧了，于是溜走了。

距离目的地昆明不远了，新的生活在等待着他们，新的城市在等待着他们。当他们终于来到昆明这片土地之上时，明媚的阳光和煦地照在他们身上，那温和的气候让他们感到了久违的舒畅，温暖了他们的人，也温暖了他们的心。一路上的艰辛、困苦、寒冷，都在这片美好的阳光中渐渐被融化了。这里的天蓝得那样纯净、那样透明，仿佛一层薄薄的蓝色水晶。这里的云白得那样纯洁、那样轻盈，仿佛没有什么人间的物品能够将它比拟和形容。在湖光山色之中，他们仿佛看到了美好的明天。

在这座彩云之南的省会城市，人们过着一种别样的生活。外面的政治和经济似乎与他们无关，无论外面有多少纷争和多少混乱，这里仍然是古朴的、平静的、谦和的、悠闲的、散漫的。这里的人们迈着缓缓的步子走在街头巷尾，出入着茶馆和小店，在慢节奏的生活中，时间好像也变得格外缓慢了。

那时的昆明不同于今日，人们过惯了不受干扰的生活，他们习惯以自己的生活方式和节奏演绎着每一天的故事，哪怕在外人眼中，那故事平淡得没有一点味道，单调而重复得没有一点激情。突然之间，安静的城市变得喧闹、变得拥挤，悠闲的生活变得急迫、变得匆忙，这一切都让这里的人们感到不适。

当他们走进这座城市时，他们看到路边那些听戏喝茶的人，那些抽着烟、眯着眼睛晒着太阳的人都用一种观察不速之客的神情打量着他们。这令他们感到了一丝尴尬，仿佛他们是一群未经允许就擅自闯入了别人家院子的外来者。事实也正是如此，对于这里的人们来说，他们并不是一群受欢迎的来客。

梁家在昆明租到了位于翠湖巡律街前市长宅院里的一间小房子，那里离阮堤很近，出门走上几步，便能看到那清秀的亭、那蜿蜒的桥，以及桥边那一棵棵婀娜的柳。风起，水面碧波荡漾，丝般的细柳随风摆动，别有一番韵味。若是在往日，林徽因必会时时去堤旁散步，感受那微风拂面，细品那清新空气。然而，此时的她却无心无暇去欣赏那片动人的春色。梁思成病倒了，起初只是扁桃腺发炎，却又引发了牙周炎和背部的肌肉痉挛，躺不得、坐不得，彻夜不得安眠。

初到昆明的半年里，一张帆布椅便是梁思成全部的生活空间。疼痛难忍时，他便学着织补袜子，那是医生提出的用来分散注意力的建议。由于牙周炎过于严重，他的牙齿也被拔光了，身不能动，加上饮食上的限制，让他的身体一下子变得虚弱了许多。每当望着躺在布椅上的梁思成，林徽因的心里都极为心疼和无奈，又一次，她将家中的全部事务一人承担起来。而望着整日忙碌的林徽因，再想到如今的自己，梁思成的心中也是焦急的。他心疼妻子，不愿让她太辛苦，却又无能为力，只盼得自己的身体能够早些好起来，和她一起分担那些重担。

营造学社还没有重组，没有经费，更不要提研究工作的开展了。可生活总要继续下去。林徽因接下了一份英语补习的工作，每星期六节课，一个月40元课时费。上课的地方与他们住的地方隔着四个山坡，以林徽因的身体状况而言，每天在四个山坡上爬上爬下已经很辛苦，更何况昆明的海拔很高，每一次往返，林徽因都要消耗极大的体力，可是想到家中的丈夫、儿女和母亲，她还是努力地支撑了下来。

当第一个月的薪水握在手中时，她的心才有了些许踏实和满足。虽然不多，但至少可以给孩子们添置一双新鞋子，给母亲买顶帽子，给丈夫买上一件称心的测量工具，再给家人增加一些营养。想到自己，自然她也是有想要的东西的。可相比于生活中的必需品，自己的那点需要又算得了什么呢？自己早已不是那个衣食无忧、不食人间烟火的林家小姐了。她拿起那块心仪了很久的扎染布，静静地看着它，抚摸着它，最后还是将它放回了原处，将那别致的图案和独特的质感都深深地印在了心里。

梁思成的身体渐渐好起来，这让林徽因感到欣慰，有时，她会搀着他去湖边散步，两人缓缓移动的身影在湖边形成了一道美丽的风景，让人见了不由心生羡慕。人们常说，少年夫妻老来伴，他们还年轻，却已经历了太多沧桑，那些沧桑让他们对彼此的感情也发生了变化，他们已经刻进了彼此的生命，心系在一起，人也系在一起了。

林徽因的三弟有时会来探望他们，带着孩子们玩，给他们讲故事。过了不久，杨振声及子女，萧乾，金岳霖，沈从文一家，朱自清等朋友们也陆续来到了昆明，之前北京那个小圈子里的人又一次聚集在了梁家，这让梁思成和林徽因又找回了一点当年的乐趣。而工作方面却不理想，那些请他们帮忙设计住宅和庭园的人从不给他们应有的报酬，而那些专门的机构又不接受他们想要服务的请求。

这样的日子里，林徽因又开始了文学创作，却不再是那些柔美的抒情诗了。纪事性的诗歌在她的创作中占了主要地位。在诗中，她描述了静悄悄的庭院，辛劳的人们，记录了朋友们的聚会，热闹的讨论，喝着茶聊着天的悠然，忙碌热闹的一天……这些都来自于她的生活。她将生活中每一次感悟、每一次见闻都变成了文字，组成了诗。而梁思成仍然忙于营造学社的重建，他在北京的一些朋友都已经来到了昆明，他与他们一起忙着筹备经费，一起写信给各个基金会，请求他们的支援。终于，营造学社又一次成立，并得以运营。

一个没有一丝现代化气息的小城，因为林徽因和梁思成一行人的到来而发生了变化。他们不但考察了周围的那些古代建筑，也在城内设计了不少新的建筑。身体康复后的梁思成又一次开始了野外的考察，对于这种家中没有一个男人的生活，林徽因已经渐渐习惯了，她淡然地面对这一切，一个人料理好家务、照顾好孩子，同时做好自己的工作。

在昆明的日子里，梁思成和林徽因第一次为他们自己设计了一幢房屋，那是一幢有着三间住房和一间厨房的小屋。金岳霖仍然是他们的邻居，每天来往于学校与住所之间，虽然辛苦，但他心中感到无比满足。

北京的那座宅院，虽然经过了林徽因和梁思成的改造，但房子还是旧时留下的，他们只是重新设计了院内的窗户及摆设。而这一次，从选择位置到整座房子的设计，都是他们两人的主意。林徽因曾这样描绘他们在昆明的这幢房子："这时候的天气已转凉爽，在越来越强的秋天泛光照射下，风景真是美极了。空气中到处散发着香气，而野花使人回想起千千万万种久已忘怀了的美妙感觉。随便一个早上或下午，太阳都会从一个奇怪的角度悄然射进，人们在一个混乱和灾难的世界中仍然具有的受了创伤的对平静和美的意识。可是战争，特别是我们的抗日战争，仍然是君临一切，贴近我们的身体和心志。"

对于生活在战争中的人们来说，迁移是件太平常的事情，而拥有一个安稳的家，也是处于战争中的人们日夜都渴望的事。那温馨的小家并没有成为梁思成和林徽因最终的港湾，当又一次轰炸来临时，他们不得不再次离开，踏上了迁移的旅程。

雪后残酷的寒流

1940年11月底，林徽因带着儿女和母亲离开了昆明，突然发烧的梁思成没有与他们同行，而是迟了几日才动身。孩子们似乎在不断的迁移中变得格外懂事，他们没有哭闹，只是静静地跟在母亲身边，这让林徽因既欣慰又心痛。

没有可以饮用的清水，想要喝水必须去几里地以外挑回；没有电，夜晚的灯光完全要靠微弱的菜油灯；没有交通，泥泞的小路上只能见到不成形的脚印；没有什么食物，可以吃的东西总是那样稀缺。这里是李庄的上坝村，一个极其偏僻的地方。这里是营造学社西南小分队的新据点，也是梁思成一家新的落脚处。

一间极其简陋的小屋，一席破旧的屋顶，抹着泥巴的竹篾墙咧着嘴，在黑夜里显得格外恐怖。老鼠是这里的常客，却每次只能匆匆地来，失望地归。它们在这里找不到一点多余的食物，甚至连水都难以喝上几口。这样的一间小屋便是梁家的新家。梁思成出外考察时，这间屋子里便只剩下林徽因陪着老老小小。窗户破了，她寻来纸和糨糊，小心地将它补好；菜没有了，她只身一人去数里以外的镇上采购；哪怕是去远处挑水，都要由她一人承担。

再也没有好友来家中做客，与她一起热烈地探讨学问，那些好友或留在了昆明，或去了别处，梁家迎来了从未曾有过的长时间的冷清。缺少了朋友的相伴，缺少了精神上的交流，林徽因仍然努力让生活变得丰富精彩。与梁思成一起外出时，她就展现出了她对艺术和对美好小物件的向往，她时常会要求为那些小物件拍照，以做收藏和纪念。在李庄上坝村的日子里，有时她在路上见到漂亮的野花，也会将它们采回放在屋内做装饰，让简陋的房间里多了一些家的温馨。

安顿好家庭，林徽因又随着梁思成外出考察，她已经习惯了这种生活，并深深地喜欢着这种生活。再没有什么事能够比让她继续从事最喜欢的研究事业更令她兴奋的了。在建武僰人悬棺集中区，她看到那些高悬的棺木，想到那些灵魂已经远去，而他们的身体却存放在了离天最近的地方。他们将死亡视为一件值得欣喜的事，他们甚至为死亡举办庆典，他们那份坦荡和洒脱，世上有几人能够拥有呢？她被这些悬棺打动，也被那些人的精神所打动。

为了撰写《中国建筑史》，她与同伴们又一同走过了许多地方，山崖之间流淌的河水让她心情愉悦，两岸翠绿的树木让她倍感清新，滑竿上的对歌让她听得入了迷，大佛湾石壁上的雕刻让她停不下手中的铅笔。她在考察的过程中得到了新的感悟，感受到了新的意境，这些都让她兴奋不已。她爱这样的风景，爱这样的艺术，爱这样的生活，生活却并未因她对它的热爱而偏爱她分毫。在她还未曾将那些美好的事物体验个够，还未曾将那些美好的风景看个遍的时候，她的肺病复发了。

有时，生活就是如此无奈，纵然心有不甘，也无法挣脱命运的安排。听着窗外清脆的鸟鸣，看着窗外洒落一地的阳光，林徽因多想出去，多想走到那片阳光之中，尽情沐浴、尽情呼吸，让田野的气息将她重重包围。她多想像田间那些孩子一般，欢笑着，奔跑着，在田野里钻来钻去，捕捉那些美好的瞬间。可是不行，她只能躺在床上，想象着自己的身体飘浮于空气之中，自由自在地飘着，舞着。

在大足的那次考察让她染上了风寒，高烧不退。村子里没有医生，也没有药店，梁思成去了隔壁的镇上请大夫，购买了药品，并跟大夫学会了打针，以免大夫无法到来时，林徽因不得不忍受着病痛之苦。然而，渐渐地，镇上也难以购买到药品了。飞涨的物价让梁家的生活变得越来越艰难，工资如流水一般，飞快地从手中经过，然后飞快地消失，变成少得可怜的药品、食物和生活用品。工资入不敷出，梁思成只得将家中那些略微值钱的东西一一变卖，将它们变成有营养的东西，带回家中为林徽因补身子。

再美味的佳肴此时在林徽因的口中都失去了味道，久病不愈磨弱了她的身体，也磨淡了她的精神。难以吃下东西的林徽因越来越消瘦，身体越来越虚弱。唯一能让病中的她精神微微好转的，只有家中那台老式留声机里传出的音乐声，这也是梁思成一直没有将留声机当掉的原因。看着妻子的表情微微缓和，眼神变得柔和，梁思成暗自叹了一口气，除了能用这样的方式让妻子感到不那么难过，他再无其他办法。无法出门的林徽因再次捧起了书，音乐和书籍让她的生活不再那么苦闷，但不能让她的心得到满足。她极少感到空虚，而不得不卧病在床的日子里，空虚那么明显地侵袭了她。那是一种有心无力的空虚，如同一只鸟儿想要飞翔，却无力挥动翅膀的空虚。

祸福相倚，谁也说不准那悲伤的存在，是为了打击，还是为了给陷入窘境之中的人新的契机。当初将营造学社的珍贵资料全部存入天津那所英国银行的保险库，为的是使其避免战乱的摧毁，却不想一场意外的大水将那些资料洗涤一空。那些被梁思成视作生命的，极其珍贵的书籍、照片、底片和手抄的记录都在大水中被清洗得干干净净，一点也没有留下，唯一幸存的那些也都残缺不全了。得知这一消息时，梁思成和林徽因都心痛万分，那被毁掉的是他们的心血，是他们所有工作人员的心血。

书籍还是要编纂，没了资料，只有从其他已有的书籍中重新整理。林徽因不能出门，但读书写字还可，这也让她又一次找到了生活的动力。这份对建筑的热爱成了支撑她走过最后一段日子的最大动力，若是没有这份动力，她那段日子想是没有那么多希望可言了。

躺在床上翻动着书页，握起笔一字一字地抄写。工作让林徽因的精神变得好了许多，仿佛又回到了那个精力充沛的年代，为着自己的梦想打拼的年代。梁思成在信中曾说："我的薪水只够我家吃的，但我们为能过这样的好日子而很满意。我的迷人的病妻因为我们仍能不动摇地干我们的工作而感到高兴。"

不久，又一个噩耗传来，林徽因的三弟林恒，孩子们最喜欢的小舅舅在空战中牺牲了。担心林徽因无法承受这样的打击，梁思成在得知消息后并没有告诉林徽因，他独自一人前往成都，料理了林恒的后事。

林徽因得知这一消息已经是三年后，那时的她已病重，却强忍着痛，接受了这一残酷的事实。在她的记忆中，林恒还是那个年轻有活力的男孩子，是学校里那个成绩最优秀的学生，是那个最能逗孩子们开心的舅舅。弟弟的牺牲让她想起逃亡路上结识的那八位小兄弟，她视他们为自己的亲人，他们却早自己的弟弟一步先走了，如今，弟弟也走了，失去亲人的剧痛狠狠地敲击着她的心，她写了一首诗，为自己的弟弟，也为那八位在战争中牺牲的弟弟们。"……我既完全明白，为何我还为着你哭？只因你是个孩子却没有留什么给自己，小时我盼着你的幸福，战时你的安全，今天你没有儿女牵挂，需要抚恤同安慰，而万千国人像已忘掉，你死是为了谁！”在她的诗的最后一节中，她写下了最令她心痛的那一笔。

李庄的医疗和生活条件都十分落后，使得林徽因的病情一直得不到好转，当营造学社的资金又一次出现危机时，在朋友们的劝说下，梁思成和林徽因决定离开这里。梁思成打算带林徽因去重庆看病，之后再去昆明拜访那些许久不见的老朋友，多年不见，不知他们过得如何。而重庆医院的医生在为林徽因做过检查后，告诉了梁思成一个令他震惊的消息，林徽因的肺部有空洞，已无治愈的可能性。

一阵寒意遍布梁思成的全身，他不愿相信，自己美丽贤惠的妻子就要这样离开自己。看着她微笑着安慰自己，梁思成感到自己就像两轮泄了气的自行车，已经无力前行，却还要掩盖住那些无力，继续前行。

最后的沙龙

离开重庆后，梁思成和林徽因去了昆明，见到了许多的好友。有金岳霖和家中用人的照应，梁思成也放心了许多。在那里，他们度过了一段快乐的时光，之后，梁思成带着林徽因回到了北京，那个让他们魂牵梦萦的地方。离乡十年，一切已经不同，战后的北京城有些熟悉，也有些陌生，一切恍如隔世。

1946年，梁思成被聘为清华大学教授，梁家搬入了清华大学的教授楼。梁思成被学校外派交流学习的时候，林徽因便代他为学生们答疑解惑，将家中的书籍与学生们分享，并组织一些人成立工作组，承接一些设计，并用赚来的钱为贫困的学生们购买文具等用具，学生们都非常敬爱这位可亲的教授夫人。

1947年，远在国外的梁思成接到消息，林徽因的肺病炎症已到晚期，病毒入肾，需要手术，他匆匆赶回北京，陪伴在林徽因的身边。手术后，林徽因恢复得不错，很快就出了院，住回了自己的家中。有空的时候，她便开始将抗战时的作品进行整理，不为别的，只为不让自己闲下来。

回到北京后，梁家仍然是好友们聚会的中心，金岳霖、陈岱孙、张奚若夫妇、周培源夫妇等人常常会聚在梁家喝茶谈天，他们谈及的话题十分广泛，每个人都畅所欲言，各抒己见，每个人都耐心地倾听其他人的发言，气氛和谐而融洽。有时，聚会中也会加入一些年轻人，他们的加入，为聚会注入了一股新鲜的血液，使聚会增添了许多青春的活力。成为梁思成第二任夫人的林洙也是在那个时候走入了他们的生活中。

1948年3月31日是梁思成和林徽因结婚20周年的纪念日，他们向关系要好的朋友们发了邀请，请他们同来清华园参加庆祝会。时间过得真快，转眼间，20年过去了，再冰已经是一位亭亭玉立的少女，从诫也已经长成一个精神的小伙子了。好友们欢聚一堂，无不羡慕他们俩的恩爱，无不感叹岁月的匆匆。

1949年，林徽因的身体有些好转，于是她也接受了清华大学的邀请，担任了市镇设计的教授。回到熟悉的讲台，面对不一样的学生，她从容不迫地讲解着人与建筑，以及人与自然之间有着哪些必要的关系，讲解着市镇建设对人们的生活起着哪些重要的作用。那些她一路上的见闻、感悟，此时都成了她授课的素材，她运用文学性的语言，将那些经历向学生们娓娓道来，听得学生们都入了迷。

同年，梁思成受中央领导的委托负责北京城区建设，之后，梁家的聚会中又多了一些来自外地的青年建筑学家。陈占祥、程应诠、朱畅中、胡允敬、汪国瑜、戴念慈等人都是这时与梁家熟悉起来的。茶会渐渐变成了讨论会，所有人的话题都围绕着对新北京的规划展开，并且一开始就停不下来。林徽因自然是讨论会中不可缺少的一员，当她站在中央，向大家讲述着各种有关城市布局的类型，表达着城市建筑应该充满思想性、伦理性和感情色彩时，大家都被她的学识和见解折服了。

多年研究让林徽因对古建筑产生了特殊的感情，对她而言，那些建筑早已有了灵魂，是一座城市的象征，也是中华古代文化和智慧的结晶。她提议，在重建时保留那些古城墙，将它们改造成为公园，并将北京的名胜古迹用一条主要的线路串联起来，让整个城市成为一个大型公园。为了建设新的北京城，林徽因付出了太多的心血，她甚至常常熬夜翻译国外的资料，只为能够将最先进的理念融入自己的设计中。

1949年7月10日，距离中华人民共和国成立不到3个月，新政治协商会议筹委会向全国公布征求国旗、国徽图案及国歌词谱的启示。梁思成和林徽因接到了这项任务后， 便带领清华大学的小组成员，没日没夜地进行起国徽设计来。考虑到民族历史、国家特征等元素，林徽因最后设计出了由麦穗、红绶带、齿轮、天安门立面图、五星五种元素组成的国徽图案。巨大的工作量让她的身体超出了负荷，她却全然不觉。直到设计完成的那一天，林徽因终于因为过度劳累病倒了，梁思成也病了，他们二人只得派朱秘书代他们去参加评选会议。林徽因的设计当选了，这对她而言是莫大的荣耀。应邀出席全国政协一届二次会议时，她激动地坐在台上，说不出一句话来。

1954年的夏天，林徽因住进了同仁医院。医院里无论是医生还是护士对她都非常尊敬，所有人都知道，这位病人既是市人大代表、政协委员，又是著名的建筑学家和诗人。或许因为即将走到生命的终点，躺在病床上，50岁的林徽因时常会追忆起过去的一些事情，她会想起少女时代的自己，那充满梦幻和浪漫色彩的自己，想起这样的自己竟然爱上了一个木讷、不善言谈的“傻小子”，将自己的一生托付给了他。她会想起自己年少时那些梦、那些美丽的诗句，如梦如幻，如今却怎样都写不出来了。她会想起自己自从爱上建筑，选择了这样一个不属于女子的专业，便注定了一生要走不寻常的路。

梁思成时常来看她，陪她聊天，有时也会讲一些小时候在日本生活的事情。无论他讲什么，林徽因都会饶有兴趣地听，看到林徽因听得入神的表情，他喜悦，也担心。他不想失去这个女人，不想从此一个人度过余生，可他却无能为力，除了让她开心一些，他再也没有其他的办法。他拉起她的手，向她传递着自己的爱和支持，林徽因是感受得到的，她想用力握住这只手，却没有足够的力气。

1955年春节前夕，梁思成也因病住院了，就住在林徽因的隔壁。一墙之隔，却不得相见，这是最让梁思成心忧的事情。身体稍稍康复，他便马上来到林徽因的病房，轻轻地握住她的手，讲那些她喜欢听的事情。只要能够看到她的微笑，他便心满意足了。

3月，林徽因突然陷入昏迷，医护人员不停地出入她的病房，所有人都在与死神赛跑，尽力地抢救她的生命。由于林徽因的身体过于虚弱，医生对她进行了暂时的隔离，禁止任何外人探视，以免影响她休息。那些日子里，除了梁思成可以走进病房，坐在她的身边，她的所有朋友都只能隔着病房的门匆匆看一眼，便离去了。

3月31日深夜，林徽因突然听到孩子的呼唤，可是孩子们并不在身边，又怎么可能呼唤她呢？她看到白色的光笼罩在她的周身，可是当时已是深夜，病房的灯早已熄灭，又哪儿来的白色的光芒呢？她看到年轻的梁思成站在她的对面，与她开着玩笑，可是梁思成已然人到中年，又怎会有少年时的样貌呢？

林徽因知道，自己的生命即将走到尽头，她感到自己的力气被一点点抽离身体，她不想这样离开，她想再见自己深爱的人一面。她努力将自己的声音送到咽喉，却只发出了极其轻微的呼唤。护士听到她的呼唤，向她走了过来，轻声询问她有什么需要。她说，她有话要对梁思成讲，想要见一见他。夜太深，梁思成已然睡下了，考虑到林徽因和梁思成都需要休息，护士并没有答应她的请求，请她等一等。谁知，这一等，就再也没有了时间。她没有等到见爱人的最后一面，没有等到女儿即将给她的惊喜，没有等到第二天的阳光。

林徽因永远地闭上了眼睛，再也看不见这个她热爱的世界，再也看不见那个她心爱的人。她的爱，她的热情，她的知性，她的感性，她的美……全部都进入了另一个世界里，或许在那个世界中，她会创造出另一片美好的天地，只是身边没有了爱人的陪伴，她是否也会孤单？

4月2日，《北京日报》刊发了林徽因逝世的讣告。次日，她的家人和朋友为她举办了追悼会。这样一位传奇的女子，就这样静静地离开了，如同她一贯的作风，静静的，不张扬，不锋芒。梁思成为她设计了墓碑，并于死后与她同葬一处。生亦同床，死亦同穴。

从此，世上再也不见那位女子，但她的事迹流传甚广；从此，世上再不见那朵白莲，但她的芬芳却流传人间。

后　记

世间的事总是变幻莫测，无人能说得清，它究竟因何而生，因何而灭。世间的人总是生死由命，无人能算得准，一个人究竟何时降临，何时离开。在历史的长河中，在人潮涌动的街头，一个人来了，一个人走了，一个人与另一个人相遇……都不过是瞬间，有几人能万古流芳，又有几人能够长久地被人们缅怀思念。

她做到了，虽然从未有过这样的期盼，从未想过这样的结局，然而，她真的做到了。

她如一位仙子，从一片清池中走出，婷婷袅袅，步履翩然。经历了分分合合，经历了炮火喧天，经历了颠簸，经历了动乱。当她回到她所来的那个世界里时，她依然清丽，依然温柔，依然美好。

好一位林家美人，好一位凡间仙娥，好一位贤妻良母，好一位建筑名家。一个女子，若是生得美丽，并不稀奇；若是天资聪颖，也不可贵；若是贤良淑德，算不得惊天动地；若是坚韧有余，也最多得人敬佩。而她，却集世间所有光华于一身，这怎能令人不为之惊叹，不为之动心？

多少人为她动心，却只敢远观，不知如何靠近；多少人为她倾心，却一见她面，便自觉低了几等。即使她不曾流露出半分高傲、半分冷漠，仍让人不由心生敬意；即使她不曾扭捏羞涩，故作娇弱，仍让人对她爱怜有加。

无论何时见她，她总是大方的、端庄的、自然的。她的眼神中，始终是那种淡定，又不时藏着点调皮。她的出现，为多少陋室华宇增添了光彩，为多少古板人物增添了灵性。难怪梁思成爱了她一生，守了她一世，有妻如此，夫复何求？

她的离去，令世间多少人叹惜，又令多少人悲戚。然而她还是走了，就那样离开了，没有留下一句话。她的名字永远印在了历史的长河中，记在了中国建筑史册里，永远被后人缅怀和爱戴。